Teologia pastoral

Teologia pastoral

Luiz Balsan

2ª edição

Rua Clara Vendramin, 58 . Mossunguê
CEP 81200-170 . Curitiba . PR . Brasil
Fone: (41) 2106-4170 . www.intersaberes.com . editora@intersaberes.com

Conselho editorial
Dr. Alexandre Coutinho Pagliarini
Drª Elena Godoy
Dr. Neri dos Santos
Mª Maria Lúcia Prado Sabatella
Editora-chefe
Lindsay Azambuja
Gerente editorial
Ariadne Nunes Wenger
Assistente editorial
Daniela Viroli Pereira Pinto
Edição de texto
Natasha Saboredo

Capa e projeto gráfico
Iná Trigo (*design*)
Tatiana Kasyanova/Shutterstock (imagem)
Diagramação
Regiane Rosa
Designer responsável
Sílvio Gabriel Spannenberg
Iconografia
Maria Elisa de Carvalho Sonda
Regina Claudia Cruz Prestes

Dados Internacionais de Catalogação na Publicação (CIP)
(Câmara Brasileira do Livro, SP, Brasil)

Balsan, Luiz
   Teologia pastoral / Luiz Balsan. -- 2. ed. -- Curitiba, PR : Intersaberes, 2024. -- (Série princípios de teologia católica)

   Bibliografia.
   ISBN 978-85-227-1293-9

   1. Bíblia – Teologia 2. Igreja Católica – Liturgia – Teologia 3. Teologia – Estudo e ensino 4. Teologia pastoral I. Título. II. Série.

24-188981   CDD-253

Índices para catálogo sistemático :
1. Teologia pastoral : Cristianismo   253

Tábata Alves da Silva – Bibliotecária – CRB-8/9253

1ª edição, 2018.
2ª edição, 2024.
Foi feito o depósito legal.
Informamos que é de inteira responsabilidade do autor a emissão de conceitos.
Nenhuma parte desta publicação poderá ser reproduzida por qualquer meio ou forma sem a prévia autorização da Editora InterSaberes.
A violação dos direitos autorais é crime estabelecido na Lei n. 9.610/1998 e punido pelo art. 184 do Código Penal.

Apresentação, 7
Como aproveitar ao máximo este livro, 11

1   Introdução à teologia pastoral, 15

1.1   Itinerário da teologia na tradição eclesial, 18
1.2   Gênese da teologia pastoral, 25
1.3   Consolidação da teologia pastoral, 29
1.4   Teologia pastoral como disciplina teológica, 37
1.5   Pastoral: arte e ciência, 44

2   Fundamentos bíblicos da ação pastoral, 57

2.1   Javé, pastor do seu povo, 60
2.2   O título de pastor atribuído às lideranças no Antigo Testamento, 71
2.3   Jesus, o Bom Pastor, 73
2.4   Jesus, o pastor da misericórdia, 80
2.5   A Igreja nascente e seus pastores, 89

3   Modelos eclesiológicos e a pastoral da Igreja, 99

3.1   A Igreja apostólica, 102
3.2   Igreja: mistério de comunhão, 108
3.3   Igreja como sociedade perfeita, 115
3.4   Igreja: Mistério, Povo de Deus, Corpo de Cristo, 121
3.5   Igreja missionária, 127

4   A pastoral nos documentos da Igreja, 139

4.1   Contribuição pastoral do Concílio Vaticano II, 142
4.2   A pastoral nas conferências gerais do episcopado
      latino-americano e caribenho, 148
4.3   A pastoral no documento de Aparecida, 156
4.4   A renovação pastoral, 162
4.5   Igreja: sal da terra e luz do mundo, 168

5   Metodologias e dinâmicas na evangelização, 177

5.1   Comunhão e participação, 180
5.2   Ação pastoral, 185
5.3   Planejamento pastoral, 191
5.4   Avaliação da ação pastoral, 197

6   Teologia pastoral especial, 205

6.1   Alguns acenos históricos, 208
6.2   Pastoral profética, 210
6.3   Pastoral litúrgica, 216
6.4   Pastoral da comunhão e do serviço, 221

Considerações finais, 229
Lista de abreviaturas, 233
Referências, 235
Bibliografia comentada, 243
Respostas, 245
Sobreo autor, 251

Apresentação

Embora a teologia pastoral seja um tema de estudos relativamente recente, deparamo-nos, nos debates, com uma reflexão bastante ampla e plural. O modo como ela tem sido compreendida varia muito de um momento histórico para outro, sobretudo na visão eclesiológica com base na qual se pensa a ação pastoral da Igreja.

Nesta obra, buscamos apresentar uma chave de leitura para que você, ao estudar a teologia, desenvolva sua capacidade de análise crítica tanto de posturas teóricas quanto de práticas no que se refere à ação pastoral da Igreja. É com esse objetivo que, em vários momentos da obra, ressaltamos posicionamentos teológicos diferentes e, ao mesmo tempo, identificamos os pressupostos nos quais os autores se baseiam para elaborar sua teologia. Chamamos a atenção também para a ausência de aspectos que julgamos importantes ou, até mesmo, para destaques que precisariam ser revistos. Consideramos que esta leitura dialógica de pensadores de diferentes linhas teológicas que, ao longo da história, se debruçaram sobre o tema da *pastoral* é particularmente útil para que você desenvolva sua capacidade de análise e maior clareza sobre seu próprio pensamento teológico. A obra está dividida em seis capítulos. No primeiro capítulo, apresentamos a teologia pastoral como disciplina teológica. Inicialmente, traçamos um panorama sobre os caminhos trilhados pela teologia, desde a época apostólica até o século XVIII – período do surgimento da teologia pastoral como disciplina teológica –, o que vai ajudá-lo a compreender como, em determinados momentos da história do cristianismo, a teologia e a ação pastoral estiveram muito próximas e, por outro lado, como criou-se uma considerável distância entre elas em outros momentos. É justamente do desconforto sentido pela Igreja diante de tal distanciamento que surgem iniciativas em busca de uma reaproximação. A teologia pastoral é o principal resultado dessa inquietude. Nas demais seções deste capítulo, mostramos os passos seguidos pela teologia pastoral até se tornar uma disciplina autônoma que busca a cientificidade sem perder sua dimensão sapiencial.

No segundo capítulo, apresentamos a riqueza do conteúdo bíblico relativo à ação pastoral. Deus é o Pastor por excelência do seu povo e Jesus é o Bom Pastor. Essas duas afirmações, ao mesmo tempo simples e complementares, mostram que toda ação pastoral da Igreja tem como principal ponto de referência o modo como Deus realiza o pastoreio do seu povo, o qual se torna particularmente claro na pessoa do seu Filho. É para Ele, de modo particular, que a Igreja precisa olhar continuamente para compreender sua missão; é Ele o referencial primeiro, com o qual a comunidade eclesial precisa analisar e projetar sua ação evangelizadora.

No terceiro capítulo, mostramos como a Igreja compreendeu sua missão ao longo da história, desde o período apostólico até os dias atuais e, como a compreensão que ela tinha de si mesma foi se modificando ao longo dos séculos. Visto que a pastoral se coloca no âmbito prático, essas mudanças na autocompreensão da Igreja incidiram, de forma decisiva, na sua ação pastoral e também em seu entendimento com relação a essa ação. Como você poderá perceber, por trás de cada elaboração teológico-pastoral, existe uma visão eclesiológica que, se não a determina totalmente, certamente a condiciona de forma significativa.

No quarto capítulo, evidenciamos a riqueza do conteúdo pastoral dos documentos do Magistério católico. A recuperação da dimensão bíblica na reflexão pastoral e a nova visão eclesiológica adotada pelo Concílio Vaticano II – a qual restabelece as dimensões comunitária e mistérica[1] da Igreja e, ao mesmo tempo, busca uma nova postura em sua relação com o mundo – trazem novidades significativas na compreensão de sua ação pastoral. As conferências do episcopado latino-americano e caribenho atualizaram e adaptaram essas novas ideias à sua realidade, de forma criativa. Atualmente, tanto nos documentos pontifícios quanto na reflexão do episcopado latino-americano, sente-se a necessidade de uma ampla renovação pastoral.

No quinto capítulo, centralizamos a atenção na dinâmica e na metodologia da ação pastoral. Com a nova visão eclesiológica abraçada pelo Concílio Ecumênico Vaticano II, a ação pastoral é pensada na dinâmica da comunhão e da participação. Com a compreensão da Igreja como Corpo de Cristo, recuperam-se as dimensões da comunhão e da corresponsabilidade de todos os membros da comunidade eclesial na missão que lhe foi confiada por Deus. Essas dimensões precisam permear as diversas etapas da ação evangelizadora: elaboração do plano, da ação e da avaliação pastoral. Dentro de uma Igreja, que é compreendida como Corpo de Cristo, todos partilham da mesma dignidade conferida pelo Batismo, pelo qual todos participam do sacerdócio de Cristo e, em consequência, da sua missão. O Espírito, que distribui livre e abundantemente

---

1 Mistérica, nesse contexto, faz referência ao fato de que a Igreja não é uma instituição puramente humana. Ela tem uma relação profunda com Deus, pois foi fundada pela ação do Filho e do Espírito e é chamada a realizar a missão de Deus, que, pelo seu Espírito, a renova e a fortalece continuamente.

seus dons, habilita aos diversos serviços e ministérios, que devem ser desenvolvidos em comunhão com a comunidade.

No sexto capítulo, apresentamos as propostas de elaboração teológica da ação pastoral. Embora ainda não haja consenso, optamos pela sistematização tríade, com base no múnus pastoral, profético e sacerdotal de Cristo, servindo-nos das nomenclaturas: *pastoral profética, pastoral litúrgica* e *pastoral do serviço e da comunhão*. Mostramos como, com essa tríade, é possível compreender toda a abrangência da ação pastoral da Igreja. A **pastoral profética** refere-se ao anúncio e ao aprofundamento da palavra de Deus; a **pastoral litúrgica** compreende toda a dimensão celebrativa pela qual nos colocamos em atitude de escuta, de louvor e de ação de graças e, sobretudo, acolhemos a ação de Deus, que, por meio de seu Espírito, nos santifica; pela **pastoral do serviço e da comunhão**, a Igreja, ao mesmo tempo que congrega seus membros na unidade, envia-os para que exerçam sua missão de ser sal da terra e luz do mundo.

Como aproveitar ao máximo este livro

Empregamos nesta obra recursos que visam enriquecer seu aprendizado, facilitar a compreensão dos conteúdos e tornar a leitura mais dinâmica. Conheça a seguir cada uma dessas ferramentas e saiba como estão distribuídas no decorrer deste livro para bem aproveitá-las.

Neste capítulo, apresentaremos uma breve síntese do itinerário da teologia pastoral, desde o seu surgimento até os dias atuais. Como você poderá perceber, a compreensão da ação pastoral por parte da teologia sofreu mudanças significativas, em sintonia com as transformações na teologia como um todo e com as mudanças na vida da Igreja. Para introduzir essa reflexão, mostraremos, em grandes linhas, o caminho percorrido pela teologia católica, do início do cristianismo até o final do século XVIII, quando foi criada a teologia pastoral.

Introdução ao capítulo

Logo na abertura do capítulo, informamos os temas de estudo e os objetivos de aprendizagem que serão nele abrangidos, fazendo considerações preliminares sobre as temáticas em foco.

Síntese

Ao final de cada capítulo, relacionamos as principais informações nele abordadas a fim de que você avalie as conclusões a que chegou, confirmando-as ou redefinindo-as.

Indicações culturais

Para ampliar seu repertório, indicamos conteúdos de diferentes naturezas que ensejam a reflexão sobre os assuntos estudados e contribuem para seu processo de aprendizagem.

Atividades de autoavaliação

1. Segundo o Documento de Aparecida – DAp, no que se refere à relação entre discipulado, missão e comunidade, é correto afirmar que:
   a) os três formam uma tríade inseparável.
   b) o discipulado como seguimento de Jesus é mais importante que a vivência comunitária e a participação na missão da Igreja.
   c) o discipulado e a missão referem-se a uma relação pessoal com Cristo, sem que haja uma exigência de tipo comunitário.
   d) a vivência na comunidade, por expressar a unidade da Trindade, é mais importante que o discipulado e a participação na missão da Igreja.

2. Em relação aos leigos, o documento de Aparecida afirma que:
   a) são chamados a colaborar na missão dos bispos e sacerdotes.
   b) sua missão específica se realiza no interior da comunidade eclesial.
   c) sua missão específica se realiza no mundo.
   d) não participam diretamente da missão da Igreja.

3. Em relação ao conceito de participação desenvolvido pelos documentos eclesiais mais recentes, é correto afirmar que:
   a) ele se restringe às relações entre os membros das comunidades cristãs.
   b) compreende o âmbito eclesial, mas se estende para a sociedade como um todo.
   c) restringe-se ao âmbito paroquial, no qual todos são chamados a participar das celebrações dominicais.
   d) refere-se às atividades nas pequenas comunidades ou movimentos existentes no âmbito paroquial.

4. A elaboração do plano pastoral é fundamental para evitar a improvisação, ter clareza de objetivos e congregar os esforços em vista de

Atividades de autoavaliação

Apresentamos estas questões objetivas para que você verifique o grau de assimilação dos conceitos examinados, motivando-se a progredir em seus estudos.

Atividades de aprendizagem

Questões para reflexão:
1. Estabeleça um quadro comparativo entre a compreensão de Deus como pastor na Mesopotâmia, no Egito e no Antigo Testamento, buscando compreender o que este último apresenta de originalidade.
2. Explique, em um breve texto, a expressão de Jesus ao se apresentar como *a porta das ovelhas*.

Atividade aplicada à prática:
3. Faça uma lista das principais características do Bom Pastor, com base em João (10,1-18).

Atividades de aprendizagem

Aqui apresentamos questões que aproximam conhecimentos teóricos e práticos a fim de que você analise criticamente determinado assunto.

Bibliografia comentada

Nesta seção, comentamos algumas obras de referência para o estudo dos temas examinados ao longo do livro.

ALMEIDA, A. J. de. Leigos em ação: Uma abordagem histórica. São Paulo: Paulinas, 2006.
    Com uma abordagem histórica, o autor apresenta um estudo sério e bem fundamentado sobre o leigo na Igreja ao longo dos 2 mil anos de cristianismo. Nesse sentido, é, sem sombra de dúvidas, um dos melhores estudos brasileiros sobre o assunto. Com linguagem precisa, inclusiva e eminentemente teológica, o autor mostra que o leigo foi tratado na Igreja de formas muito diversas ao longo da história. É uma excelente leitura para quem deseja aprofundar a identidade do leigo na comunidade eclesial.

1

Introdução à teologia pastoral

Neste capítulo, apresentaremos uma breve síntese do itinerário da teologia pastoral, desde o seu surgimento até os dias atuais. Como você poderá perceber, a compreensão da ação pastoral por parte da teologia sofreu mudanças significativas, em sintonia com as transformações na teologia como um todo e com as mudanças na vida da Igreja. Para introduzir essa reflexão, mostraremos, em grandes linhas, o caminho percorrido pela teologia católica, do início do cristianismo até o final do século XVIII, quando foi criada a teologia pastoral.

1.1 Itinerário da teologia na tradição eclesial

Como você poderá perceber pela apresentação que faremos, a teologia se relacionou de forma muito diversificada com a ação pastoral. Em certos momentos, a pastoral tem sido o foco principal da reflexão teológica; em outros, porém, houve maior distanciamento entre elas.

1.1.1 Teologia neotestamentária

O Novo Testamento apresenta a primeira elaboração teológica cristã. Para isso, ele serve-se, fundamentalmente, de dois estilos: a teologia narrativa, nos Evangelhos e nos Atos dos Apóstolos, e a literatura epistolar, nas Cartas. Evidentemente, essa elaboração não tem uma preocupação acadêmica como tem hoje a teologia, mas é o resultado da experiência de fé na pessoa de Jesus Cristo, da primeira geração de discípulos. Alguns deles conheceram Jesus pessoalmente, e outros o conheceram pelo testemunho daquele grupo que esteve mais próximo d'Ele durante sua vida pública. Tanto os Evangelhos quanto as Cartas tinham destinatários definidos: uma comunidade ou um grupo de comunidades. Por isso, o anúncio da fé era elaborado de forma que pudesse apresentar respostas aos problemas e aos desafios das comunidades e encorajar os cristãos na sua caminhada de fé[1]. Era, portanto, uma reflexão contextualizada e encarnada que buscava suscitar ou alimentar a fé e, ao mesmo tempo, definir a identidade cristã. É uma teologia eminentemente pastoral, pois está orientada para a vivência da fé.

---

1 Devemos ter presente que, embora os primeiros destinatários fossem os membros das comunidades cristãs, os escritos neotestamentários tinham também como objetivo suscitar a fé dos que ainda não conheciam Jesus Cristo ou não acreditavam n'Ele.

A teologia neotestamentária apresenta uma série de características que lhe são peculiares. É uma teologia **cristológico-trinitária**, pois tem em seu centro a pessoa de Jesus Cristo. É com base na experiência de fé n'Ele que tudo é definido e compreendido. Ao mesmo tempo, apresenta Jesus na sua relação com o Pai e o Espírito Santo. É uma teologia **eclesial**, pois nasce no interior da comunidade dos que creem em Jesus e busca responder a duas perguntas essenciais: Quem é Jesus para nós? Quem somos nós para Jesus? Em outras palavras, procura traçar as linhas fundamentais do discipulado. É uma teologia **vivencial**, porque tem forte relação com a realidade das comunidades às quais é endereçada: seus questionamentos com relação à identidade de Jesus e à sua missão; conflitos internos entre os membros das comunidades; relação das comunidades de fé com o mundo etc. Por essa razão, podemos dizer que é uma teologia **contextualizada**, porque tem uma relação concreta com a comunidade onde foi elaborada ou para a qual foi elaborada. Inspirada pelo Espírito, é teologia **fontal**, isto é, fonte de teologia, porque todas as demais teologias ao longo da história deverão tê-la sempre como principal ponto de partida, de confronto e de inspiração (Libanio; Murad, 1996).

1.1.2 Teologia patrística

No Ocidente, do século II ao VII, desenvolveu-se a teologia patrística[2]. O nome *patrística* refere-se ao fato de ela ter sido elaborada pelos Padres da Igreja[3]. Nesse período, a teologia deparou-se com uma série de

---

2 No Oriente, o período patrístico estendeu-se até o século VIII.

3 A modo de exemplo, citaremos alguns de seus principais representantes. Padres apostólicos, nos séculos I e II: Clemente Romano, Inácio de Antioquia e Policarpo. Padres apologistas, no século II: Justino, Taciano e Teófilo. Representantes da reflexão sistemática, nos séculos II e III: Tertuliano, Orígenes, Santo Irineu e Hipólito. Representantes de escolas teológicas, nos séculos III e IV: na escola de Alexandria, Atanásio e Cirilo; na escola da Capadócia, Basílio, Gregório Nazianzeno e Gregório de Nissa; e, na escola de Antioquia, Teodoro, Cirilo de Jerusalém e João Crisóstomo. Na fase do esplendor, nos séculos IV e V: Agostinho, Jerônimo, Ambrósio e Leão Magno. Na fase final, nos séculos VI e VII: Gregório Magno, Isidoro de Sevilha, Boécio e João Damasceno.

desafios. O primeiro deles foi a defesa do cristianismo diante daqueles que o julgavam um movimento de pouca importância e que, por isso, não merecia ser levado a sério, como foi o caso dos que utilizavam a filosofia grega, e perante aqueles que, por considerarem-no mau ou subversivo, o perseguiam, como foi o caso do Império Romano. Outro desafio foi estabelecer a identidade cristã, o que passava pela compreensão do mistério trinitário: descobrir como falar de um único Deus em três pessoas; explicar como compreender a natureza humana e divina de Jesus Cristo; e divulgar a importância do Antigo Testamento para a nova comunidade eclesial. Em boa parte, esse esforço da reflexão teológica por definir de forma sistemática e orgânica a identidade cristã foi suscitado por heresias, que negavam elementos fundamentais da fé, por exemplo, alguns movimentos heréticos dos primeiros séculos, como o montanismo, o gnosticismo, o donatismo e o docetismo. Outro desafio, ainda, era a inculturação, ou seja, apresentar o cristianismo de forma significativa para outras culturas sem perder a própria identidade.

A matriz epistemológica da patrística era, sobretudo, a gnose sapiencial, para a qual o conhecimento não é algo que envolve somente a racionalidade, mas a pessoa na sua totalidade: afeto, vontade, razão, intuição e atitudes de vida. Essa ideia aplicada à teologia indica que é a pessoa na sua totalidade que se coloca diante do mistério de Deus; ao mesmo tempo, não é apenas um conhecimento racional, mas um conhecimento que se torna sabedoria e, como consequência, orienta o próprio agir. Tem como objetivo a salvação, que é a vida em plenitude.

Com base em suas principais características, podemos entender melhor a teologia patrística. É uma teologia **bíblica,** pois toma a Sagrada Escritura como palavra de Deus e como sua principal fonte de inspiração e de confronto. Em grande parte, apresenta-se como um comentário aos textos sagrados, usados em homilias e em catequeses, com o intuito de incentivar e orientar a vida de fé dos cristãos. É uma teologia **litúrgica,** isto é, intimamente ligada à liturgia, na medida em que uma parte significativa de seus textos tem como propósito explicar o sentido dos ritos ou, dito de outra forma, esclarecer o mistério celebrado na liturgia. É uma teologia **crística e eclesial**, ou seja, ao centro de sua reflexão está a pessoa de Jesus Cristo, à imagem de quem o ser humano foi criado e recriado. Sua pessoa unifica os diversos aspectos da reflexão teológica. Os que o acolhem na fé são unidos a Ele pelo Batismo e se tornam membros do seu Corpo. Grande parte da reflexão teológica nasce da vida das comunidades e é para elas que se destina. É também uma teologia **criativa e inculturada**. Desde os primeiros séculos, o cristianismo se encontrou com culturas altamente desenvolvidas, porém alheias à fé cristã. Os padres da Igreja se empenharam em propor o cristianismo de forma que pudesse ser acolhido por esses povos, mas sem perder sua identidade.

A reflexão que propusemos até aqui mostra como a teologia patrística é, fundamentalmente, uma teologia pastoral. Ela foi elaborada por bispos, sacerdotes e leigos que, com sua reflexão teológica, buscavam oferecer suporte para que a Igreja pudesse realizar, com segurança e criatividade, sua ação evangelizadora diante de culturas diversas e orientar e fortalecer a vida de fé dos cristãos.

1.1.3 Teologia escolástica

A partir do século XI, desenvolveu-se uma nova corrente teológica na Igreja, a escolástica[4], que alcançou maior consistência com o surgimento das universidades, a partir do século XII, e a descoberta das obras de Aristóteles, em 1160. A matriz epistemológica passou, então, da gnose sapiencial da patrística para a dialética aristotélica: o pensamento pelo

---

4 Os maiores representantes da escolástica são Anselmo de Cantuária, Pedro Abelardo e Pedro Lombardo, nos séculos XI e XII; Alberto Magno, Tomás de Aquino e Mestre Eckart, no século XIII; Boaventura, Duns Escoto, Guilherme de Ockham e Gabriel Biel, nos séculos XIV e XV.

confronto que resulta da aproximação dialética da afirmação e da negação. É o pensamento analítico que confronta, compara e questiona. Do ponto de vista prático, aproxima afirmações bíblicas e patrísticas que parecem ter sentidos contrários, para compreender melhor o que cada uma quer dizer, de que modo podem ser aproximadas ou se realmente expressam coisas diferentes.

A escolástica apresentou-se como uma teologia **bíblica**, pois a Bíblia é um referencial essencial para toda a reflexão teológica. Valorizou a patrística, levando a sério todo o legado teológico dos padres da Igreja. É a teologia que, pela primeira vez, buscou o rigor científico e, por isso, passou a ser considerada ciência, conciliando adequadamente fé e razão.

A teologia escolástica trouxe uma grande contribuição para a interpretação da fé e, ao passar do símbolo para o conceito, imprimiu rigor teórico na sua reflexão. Apresentava, porém, algumas limitações: sua preocupação com o rigor conceitual fez com que a teologia se mostrasse, muitas vezes, árida e abstrata, a tal ponto que se tornava difícil perceber sua relação com a vida da comunidade cristã, elemento importante da reflexão teológica. Sua preocupação com a cientificidade e a racionalidade levou a uma crescente perda de elementos fundamentais da teologia: sua relação próxima com a vida cristã da comunidade, celebrada na liturgia e experimentada na complexidade da vida cotidiana, e as dimensões simbólica e intuitiva da fé.

De um lado, podemos dizer que a escolástica trouxe grandes contribuições à reflexão teológica no que se refere a um maior entendimento da fé. Por outro, é preciso reconhecer que essa corrente teológica se distanciou muito da vida eclesial, perdendo quase completamente a dimensão pastoral.

1.1.4 Teologia católica na Idade Moderna

O período moderno surpreendeu a Igreja com uma série de novidades, com as quais ela teve sérias dificuldades para dialogar. No âmbito filosófico, a razão foi conquistando espaço até o momento em que Descartes (1596-1650) a concebeu como único critério de verdade: para o filósofo, só merece ser considerado verdadeiro o conhecimento que pode ser demonstrado racionalmente. Nessa ótica, a teologia seria completamente desacreditada, visto que seu ponto de partida é a fé, e não uma verdade racionalmente demonstrada.

Durante o período moderno, ganhou espaço também o processo de secularização, que afirma a autonomia do mundo em relação à Igreja e à religião. No ano de 1517, com a fixação das 95 teses na catedral de Wittenberg por Lutero, iniciou-se oficialmente a Reforma Protestante – o segundo grande cisma na Igreja em menos de 500 anos[5].

Esses fatos, entre outros, fizeram com que o Magistério da Igreja assumisse, diante do mundo moderno, uma atitude fundamentalmente combativa. A teologia, por sua vez, na sua expressão neoescolástica, seguindo a tendência dominante na Igreja, negou-se a dialogar com a modernidade e assumiu uma posição de defesa do Magistério. Este, dentro da Igreja, conquistava um poder cada vez maior, mas, fora dela, tornava-se cada vez mais questionado. A teologia, assumindo a postura de defesa do Magistério, tornou-se submissa a ele. Seu esforço era basicamente demonstrar a veracidade do ensinamento do Magistério e, ao mesmo tempo, combater as posturas heréticas e aversivas presentes na sociedade, bem como qualquer dissenso que pudesse surgir no interior da comunidade eclesial. O Magistério tornou-se, então, especialista em expor, defender e provar a veracidade da doutrina ensinada

---

5 O primeiro foi o cisma do Oriente, que, em 1054, dividiu o mundo cristão entre católicos e ortodoxos.

e em examinar e condenar os erros. A excessiva preocupação com a ortodoxia, a homogeneidade e a clareza praticamente anulou na teologia a preocupação com a intelecção da fé e distanciou-a sobremaneira da vida real das comunidades e das necessidades concretas dos cristãos na sua vivência da fé. A teologia, na Idade Moderna, perdeu também sua dimensão bíblica, pois não se empenhou em fazer um verdadeiro aprofundamento da Sagrada Escritura. Sua postura pode ser denominada *biblicista*, visto que não tomava a Revelação como seu referencial primeiro e fundamental, com base no qual tudo deveria ser continuamente repensado e avaliado. A Escritura e, com ela, a teologia patrística foram reduzidas a meras fontes, nas quais a teologia garimpava argumentos para comprovar a veracidade do ensinamento do Magistério.

Em outras palavras, a função da teologia se resumia a demonstrar que aquilo que o magistério estava ensinando já se encontrava, de forma implícita ou explícita, na Escritura e no ensinamento dos Padres da Igreja.

Com essa postura, a teologia deixou de lado a pesquisa que conduz a um real aprofundamento dos mistérios da fé. Em consequência, perdeu sua postura crítica, tão importante para o contínuo crescimento da comunidade eclesial, pois, sendo ensinada quase exclusivamente nos seminários, distanciou-se demais da experiência concreta dos que vivem no mundo secular. Privada de seus questionamentos e desconhecedora de sua realidade concreta cotidiana, a teologia não conseguia perceber na comunidade sinais da presença de Deus. Numa postura hostil a tudo o que se referia ao mundo moderno, olhava para o que está fora do âmbito eclesial com desconfiança e rejeição, demonstrando real dificuldade em reconhecer até mesmo os cristãos leigos como membros da Igreja. O fato de pensar a teologia unicamente com base na perspectiva da hierarquia eclesial levou a uma elaboração de tipo universal, que não tomava minimamente em consideração as realidades e os desafios concretos das igrejas particulares. A distância entre a teologia e a pastoral, nesse contexto, tornou-se imensa.

1.2 Gênese da teologia pastoral

Embora o nascimento da teologia pastoral, como disciplina teológica propriamente dita, tenha ocorrido apenas no século XVIII, há escritos teológicos com preocupação pastoral desde o início do cristianismo. Como mencionamos anteriormente, os Evangelhos buscam apresentar a pessoa de Jesus Cristo levando em consideração as situações concretas das comunidades para as quais são escritos. As Cartas Apostólicas, por sua vez, apresentam-se fundamentalmente como orientações práticas sobre a vida cristã, com base nas dúvidas e nas dificuldades que as primeiras comunidades cristãs encontravam com relação à vivência do Evangelho.

Durante o período patrístico (séculos I a VII), além de a teologia estar amplamente voltada para a ação pastoral, apareceram obras, que poderíamos caracterizar como teológico-pastorais, justamente para fornecer respostas a necessidades práticas das comunidades, dando origem a um gênero literário especial. Essas obras não tinham, ainda, a pretensão de uma sistematização ampla que abordasse as questões em todos os seus aspectos.

De modo particular, três autores merecem destaque pela sua contribuição teológico-pastoral: São Basílio, Santo Agostinho e São Gregório Magno. Os dois primeiros, além de contribuir decisivamente na elaboração do pensamento cristão, contribuíram significativamente no campo pastoral, pois sua reflexão teológica estava voltada para as situações concretas da evangelização. A contribuição doutrinal de Gregório Magno foi menor, mas sua ajuda na edificação da comunidade eclesial foi decisiva. Na maioria dos casos, eles buscavam responder a uma preocupação pastoral ou a uma situação concreta da vida eclesial, que era abordada sem levar em conta os critérios de metodologia científica.

Desde a Antiguidade, existia também uma reflexão teológica que tinha como objetivo preparar os sacerdotes para seu ministério pastoral. Um exemplo disso é a obra *Liber regulae pastoralis* – traduzida com o título *Regra pastoral* (Gregório, 2010) –, escrita por São Gregório Magno (540-604), que, por sua vez, teve influência nos opúsculos e nos tratados posteriores. Inspirando-se em uma tradição que teve início com Gregório Nazianzeno (329-389), o qual considerava a pastoral a arte das artes e o saber dos saberes, diz que "o governo das almas é a arte das artes" (Gregório, 2010, p. 22). Nessa obra, Gregório Magno demonstra preocupação com as pessoas concretas, que buscam a salvação na situação concreta em que se encontram. A obra era como um espelho, com base no qual os pastores avaliavam sua ação pastoral (Bourgeois, 2000).

A preocupação com a ação pastoral dos sacerdotes levou o Concílio Lateranense IV (1213-1215) a exigir que, nos cursos eclesiásticos, fosse colocado, com o professor de Sagrada Escritura, um professor especializado em pastoral e na prática da confissão.

Um marco importante na história da teologia pastoral é o Concílio de Trento (1545-1563). Fortemente impressionada pela Reforma Protestante (1517), a Igreja Católica sentiu necessidade de rever seus métodos pastorais, com vistas a oferecer aos fiéis uma formação doutrinal mais sólida e aos candidatos ao sacerdócio, uma melhor formação teológica. Foi nesse concílio que o curso de Teologia passou a ser condição para a ordenação sacerdotal.

No século XVI, começaram a aparecer algumas obras específicas de teologia pastoral. No ano de 1585, J. Molanus (1533-1585) publicou a obra *Theologiae practicae compendium* – "compêndio de teologia prática", separando da teologia especulativa o que fazia parte de uma teologia prática, no sentido amplo. Em 1591, P. Binsfeld (1545-1598), bispo auxiliar de Tréveris, Alemanha, publicou a obra *Enchiridion theologiae pastoralis* – "manual de teologia pastoral".

No final do século XVIII, nos países de língua alemã, passou-se a separar em duas disciplinas distintas o que costumamos chamar, nos dias atuais, de *teologia moral* e *teologia pastoral*.

No mesmo século, aconteceu um fato que é considerado o marco do nascimento da Teologia Pastoral como disciplina teológica propriamente dita. O canonista F. S. Rautenstrauch (1734-1785), na função de reitor da Faculdade de Teologia de Praga, promoveu uma reforma dos estudos teológicos – frequentados pelos futuros sacerdotes –, considerados excessivamente teóricos e escassamente pastorais. O projeto foi aprovado mediante um decreto da Imperatriz Maria Teresa da Áustria, no ano de 1774. A partir desse momento, a teologia pastoral passou a ocupar um lugar no cânone das disciplinas teológicas.

Esse novo projeto acrescentava um ano ao curso de Teologia, no qual se reuniam os conteúdos práticos em uma única disciplina: Teologia Pastoral. Até então, os cursos tinham quatro anos de duração para o doutorado e dois anos para quem apenas se preparava para o sacerdócio. A nova disciplina devia reunir os seguintes conteúdos: homilética, retórica, catequética, liturgia, ascética e rubricas, o que foi colocado em prática a partir do ano de 1778. Na proposta de Rautenstrauch, esses assuntos deixaram de ser considerados um apêndice aos estudos teológicos e passaram a ser vistos como a conclusão exigida pela própria natureza da ciência teológica. Seu principal objetivo era oferecer um ensinamento sobre os deveres do ofício pastoral.

O projeto de Rautenstrauch previa como principal objetivo dos estudos teológicos a preparação imediata para a atividade pastoral. Com base em seu ponto de vista, a finalidade da nova disciplina era formar dignos servidores do Evangelho, pastores de almas perfeitos, os quais, por sua vez, deviam formar excelentes cristãos, bons cidadãos, homens verdadeiros. Ele propunha como livro-texto a obra de J. Opstraet, professor da Universidade de Lovaina, intitulada *Pastor bonus* "Bom Pastor" –, que, no entanto, foi proibida pela Congregação do Santo Ofício por apresentar tendência jansenista[6].

A supressão da Companhia de Jesus, no ano de 1773, permitiu à Imperatriz Maria Teresa que constituísse uma comissão de reforma dos estudos eclesiásticos sem a presença dos jesuítas. Sob a influência do josefinismo[7], pensamento caracterizado pela subserviência da Igreja em relação ao Estado, os bispos sentiram a necessidade de estabelecer normas práticas para os sacerdotes encarregados do cuidado das almas. Logo após a implantação dessa reforma nos estudos eclesiásticos, começou a aparecer uma série de manuais de teologia pastoral marcados pelo espírito do projeto de Rautenstrauch, que, sob a influência do Iluminismo, acentuavam o dever de obediência dos clérigos aos príncipes. Nesse tempo, os sacerdotes eram considerados funcionários espirituais do Estado.

A nova disciplina era claramente orientada para os sacerdotes, a quem cabia a responsabilidade pastoral das almas. Desde o início, ela foi ensinada na língua vulgar[8], ao contrário das demais disciplinas teológicas, que eram ensinadas em latim. Em seus primeiros passos, era considerada mais uma arte e uma técnica que uma ciência. Seu nome flutuava entre *teologia prática* e *teologia pastoral*, expressões usadas com o mesmo significado. Somente no século XIX foi estabelecida uma distinção entre essas disciplinas.

---

6 O nome *jansenismo* deriva de Cornelio Jansenio, bispo de Ypres de 1585 a 1638. Sua doutrina, baseada na teologia, apresenta aplicações no direito, na política e no governo da Igreja. No campo moral, implanta um rigorismo severo, em oposição às tendências mais moderadas da época, as quais considera excessivamente benignas. Foi considerada uma doutrina herética por parte da Igreja Católica.

7 O josefinismo é uma teoria política criada pelo Imperador José II, filho da Imperatriz Maria Teresa, que submetia os clérigos e as instituições eclesiais à tutela do Poder Público.

8 Línguas vulgares eram as línguas vernáculas dos povos, em oposição às línguas clássicas, como o latim e o grego.

1.3 Consolidação da teologia pastoral

Podemos explicar a evolução da teologia pastoral em quatro etapas. Costuma-se compreender como **primeira etapa** o período entre o final do século XVIII e o início do XIX. Dois fatores são importantes para o entendimento dos primeiros passos da teologia pastoral: o primeiro deles é externo à teologia e se refere à concepção do Estado – naquela época, absolutista e protetor da religião; o segundo diz respeito à teologia como um todo – o período é marcado por decadência, aridez e submissão ao Magistério[9], bem como pelo distanciamento da reflexão teológica em relação a suas principais fontes: a Sagrada Escritura, a teologia patrística e a grande escolástica. Distante da realidade cotidiana das pessoas e da realidade pastoral da Igreja, a teologia trabalhava apenas a dimensão cognitiva da fé, deixando em segundo plano os aspectos existencial e celebrativo.

A recém-nascida teologia pastoral deparava-se com a decadência da teologia neoescolástica, a qual se revelava pobre e carente de criatividade. Em consequência disso, nessa primeira fase, a nova disciplina padecia de escassa fundamentação teológica, limitando sua abordagem às questões práticas da pastoral. Diante do poder civil, assumia uma postura de submissão e colocava-se a serviço da concepção absolutista do Estado. O traço josefinista dos primeiros teólogos pastoralistas foi acentuado ainda mais pelos seus seguidores.

---

9 A expressão *submissão ao Magistério* indica a atitude predominante na teologia nesse momento histórico. Sua maior preocupação era demonstrar a veracidade dos seus ensinamentos e explicar todos os pontos de modo que não restassem dúvidas e, sobretudo, que não se desse margem para interpretações errôneas. O problema é que, dessa forma, a teologia perdeu a dimensão da pesquisa, que possibilita um constante aprofundamento na compreensão da fé, e sua instância crítica, no sentido de que é função da teologia alertar a Igreja quando algo está sendo esquecido ou demasiadamente acentuado.

Em sua **segunda etapa**, a teologia pastoral deu maior atenção à Sagrada Escritura e, com base em seu entendimento, à dimensão histórico-salvífica. Algumas novidades começaram a aparecer com a Escola de Tubinga, que, por volta de 1817, trouxe novos ares para a teologia, ao iniciar um diálogo com o mundo moderno apoiado nas ideias do Romantismo alemão, além de introduzir na reflexão teológica a ideia do Reino de Deus. Os grandes representantes dessa escola teológica são: J. S. Drey (1777-1853), J. M. Sailer (1751-1832), J. B. Hirscher (1788-1865) e A. Graf (1814-1867). Esse grupo introduziu uma série de novidades no campo teológico, opondo-se à concepção filosófica racionalista e antropocêntrica do Iluminismo, bem como acolhendo a ideia da colaboração do homem no projeto de salvação de Deus. Eles também trouxeram uma nova compreensão eclesiológica, com base na Sagrada Escritura e na patrística: uma visão comunitária e dinâmica da Igreja.

Sailer buscou elaborar uma reflexão teológica mais atinente à vida concreta das pessoas e uma pastoral mais genuína, isto é, mais fiel a si mesma, livre da interferência josefinista e das excessivas influências do iluminismo filosófico. Procurou fundamentar a pastoral com base na Sagrada Escritura e recuperou a dimensão querigmática[10] da pregação, recusando posturas racionalistas, moralistas e utilitárias. Colocava no centro de sua reflexão pastoral a proclamação de fé, dando maior importância à pregação e à catequese do pastor de almas. Além da Sagrada Escritura, voltou sua atenção para a história da salvação, vista em sua totalidade, desde o Gênesis até o Apocalipse. O retorno ao Evangelho lhe permitiu compreender a vida cristã como parte do projeto de salvação de Deus, que alcança toda a história, tornando-se história da salvação.

Em contraposição à concepção pastoral josefinista, que apresentava os sacerdotes como funcionários estatais, Sailer os concebe como ministros e colaboradores de Cristo, no projeto de edificação do Corpo Místico.

---

10 O querigma é o centro da mensagem cristã, o anúncio da Boa-Nova de Cristo.

O sujeito da ação pastoral passa a ser pensado não mais como o encarregado da moral cidadã, mas como o pastor, segundo o espírito daquele que se revelou como o Bom Pastor. Em outros termos, não mais como um simples empregado do Estado, mas como um sacerdote por vocação. Sailer buscou maior cientificidade para a teologia pastoral, tirando-a da concepção anterior, que a tratava como um apêndice da teologia moral[11]. Segundo ele, o objeto próprio da teologia pastoral é a ação da Igreja dentro da obra de redenção de Cristo, com base no exercício das três funções pastorais: **ensinar, santificar e governar**. Tinha como objetivo completar a formação dos pastores, vistos como continuadores da pessoa e da obra de Cristo[12].

Um grande limite da reflexão de Sailer é o fato de que o pastor, entendido como sacerdote, seria o único sujeito da pastoral. Para que a ação apostólica seja compreendida como algo que se refere à Igreja como um todo, será necessário esperar as próximas fases de desenvolvimento dos estudos.

Na **terceira etapa** de seu desenvolvimento, a teologia pastoral apresentava uma concepção mais eclesiológica. Em meados do século XIX, A. Graf criticou fortemente a concepção pastoral anterior, por estar demasiadamente centrada na figura do pastor – único sujeito da pastoral –, e, a partir de 1841, propôs uma teologia prática[13], com base em uma compreensão mais eclesiológica, semelhante à já existente entre os protestantes[14]. Segundo Graf, cabe à teologia prática estudar todos os fatores, eclesiais ou não, que contribuem para a edificação da Igreja.

---

11 Com o termo *apêndice*, queremos indicar que a teologia pastoral era considerada simplesmente auxiliar da teologia moral no que tange à aplicação de suas normas.

12 A reflexão teológica de Sailer se coloca mais no âmbito cristológico do que no eclesiológico. O sacerdote é visto como *alter Christus* (outro Cristo), representante de Deus e mediador da Graça. Sailer é seguido por A. Schramm e P. Conrad, renomados pastoralistas que publicaram seus manuais, respectivamente, nos anos de 1780 e 1789.

13 A nomenclatura vai oscilar entre *teologia pastoral* e *teologia prática*.

14 Graf, considerado o precursor da teologia prática católica, com espírito ecumênico, reconheceu que, em seu tempo, os protestantes haviam obtido melhores resultados com relação à elaboração científica da teologia prática.

O autor propõe o nome *teologia prática* em vez de *teologia pastoral* para enfatizar que o sujeito da ação pastoral é a Igreja, e não apenas o sacerdote como pastor[15]. No seu ponto de vista, o adjetivo *pastoral*, naquele tempo, era entendido apenas na sua relação com o pastor, equivalente a *sacerdote*. Graf buscou mostrar que o sujeito da pastoral é a Igreja como um todo, e não apenas um grupo dentro dela.

Superando a visão puramente pragmática da teologia prática, com base em uma reflexão sobre os fundamentos bíblicos e doutrinais da pastoral, avançou em direção a uma concepção científica, teológica e eclesial da teologia prática, entendida como consciência científica da Igreja, que se autoedifica no tempo. Enquanto o passado da Igreja é objeto da teologia bíblica e histórica e a essência de Deus é estudada pela teologia sistemática, a teologia prática ocupava-se da atividade da Igreja, que tem como meta sua própria edificação.

Na verdade, não podemos negar a significativa contribuição de Graf ao garantir uma maior fundamentação bíblico-teológica à teologia pastoral – por ele denominada *teologia prática* – e, em consequência, ao identificar a Igreja como sujeito da pastoral, e não apenas os sacerdotes. Precisamos reconhecer, porém, que sua postura era ainda eclesiocêntrica: sua maior preocupação parecia ser a edificação da Igreja, ao passo que o Reino de Deus aparecia com bem menos intensidade.

Em sua **quarta etapa**, a teologia pastoral retornou a uma concepção clerical. Discípulo de Graf, J. Amberger (1816-1889), em sua extensa obra, escrita entre os anos de 1850 e 1857, dividiu a teologia prática em duas partes: o direito canônico e a teologia pastoral[16]. Amberger voltou a centralizar a reflexão na figura do pastor, entendido como *sujeito da*

---

15 O autor é do parecer de que a facilidade com que se associa a palavra *pastoral* ao termo *pastor* favorece um entendimento redutivo, que leva a pensar que a ação pastoral é um atributo exclusivo do sacerdote a quem se aplica o termo *pastor*.

16 Na concepção de Graf, o direito canônico difere da teologia pastoral. Aquele faz parte do governo pastoral da Igreja, e a teologia pastoral tem seu embasamento teórico na essência da Igreja.

pastoral, perdendo, assim, sua dimensão eclesiológica. Por esse motivo, retornou também à nomenclatura anterior: *teologia pastoral*. Essa posição foi seguida por M. Berger (1870-1937), que concebeu a teologia pastoral como introdução científica do pastor na adequada administração de seu ofício.

Essa fase representou um verdadeiro retrocesso para a teologia pastoral, que perdeu não apenas seu caráter teológico e eclesiológico, mas também sua exigência científica, voltando a assumir um caráter pragmático, próprio dos manuais de receitas, para o pastor exercer, de modo apropriado, seu ofício. No centro da atenção, não está a Igreja na sua essência apostólica, mas a vocação do pastor e suas atividades.

Essa mesma concepção permaneceu por boa parte do século XX. Sua ênfase se orientava para a direção espiritual, pois o cuidado pelas almas era visto como a atividade por excelência dos clérigos; seu conteúdo derivava das normas, rubricas, leis canônicas e da própria experiência da direção espiritual. Havia, nesse período, uma disciplina prática, sem pretensão científica, sem base teológica e focada na salvação das almas, sem levar em consideração a Encarnação.

No período entre as duas guerras mundiais, a teologia deu passos significativos de renovação em diversas áreas: Sagrada Escritura, cristologia, eclesiologia e espiritualidade. Além disso, ela passou a interessar-se pelas realidades do mundo. Tudo isso serviu como suporte para a renovação, também, da teologia pastoral.

Uma contribuição significativa veio do teólogo K. Noppel (1836-1914), o qual, no ano de 1937, publicou uma obra que propunha um novo manual de teologia pastoral, intitulada *Aedificatio Corporis Christi –* "Edificação do Corpo de Cristo". Noppel buscou superar algumas limitações que identificava na teologia pastoral do seu tempo, a qual havia se separado da eclesiologia, e entendia a atividade pastoral como demasiadamente individualista. Com base na reflexão eclesiológica de J. A. Möhler (1796-1838) e de M. J. Scheeben (1835-1888), Noppel concebeu a teologia pastoral como ação da Igreja – entendida como comunidade dos fiéis ou Povo de Deus –, pelos meios estabelecidos por Cristo para a salvação da humanidade. Em contraposição à mentalidade clericalista, que reservava a ação pastoral aos clérigos, Noppel falava dos leigos como membros ativos na edificação do Corpo Místico, por meio de sua participação no apostolado hierárquico.

Como explicitamos, o fato de apresentar o leigo como sujeito ativo na ação pastoral representou um passo à frente na reflexão teológico-pastoral. Por outro lado, o autor ainda não conseguia falar do leigo como partícipe da ação pastoral da Igreja. Um dos motivos dessa limitação era a pobreza da teologia do Batismo, que, naquele tempo, o concebia quase exclusivamente como o sacramento que tira o pecado original. Esquecia-se de que, pelo Batismo, todos se tornam membros da Igreja, no pleno sentido da palavra, e, portanto, partícipes da sua missão. Faltava também na teologia batismal a dimensão cristológica: inserindo as pessoas em Cristo, o Batismo as faz partícipes do seu sacerdócio e, em consequência, participantes de seu múnus profético, sacerdotal e pastoral. Além da pobreza na teologia batismal, uma debilidade semelhante se revelava na pneumatologia[17]. Os carismas, outro fundamento do apostolado dos leigos, estavam completamente esquecidos. Na falta dessa teologia mais ampla, restava ao leigo a função de colaborador do clero, que era o verdadeiro sujeito da ação pastoral.

Após a Segunda Guerra Mundial, ocorreu uma intensa renovação pastoral na Alemanha e na França. Um autor que, no âmbito pastoral, se destacou na escola alemã de Tubinga foi F. X. Arnold (1898-1969).

---

17 Em teologia, essa palavra é derivada de *pneuma*, "alma", "espírito". Assim, pneumatologia é o estudo do Espírito Santo.

Ele afirmava que a teologia pastoral pressupõe as teologias bíblicas, histórica e sistemática. O objeto próprio dessa disciplina são as ações da Igreja: anúncio da Palavra, celebração dos sacramentos e ação pastoral, em seu sentido amplo. Fundamentalmente, ele entendia a teologia pastoral como a teologia das ações da Igreja, concebida como comunidade de todos os batizados. Esses são os sujeitos da atividade pastoral eclesial. A construção da Igreja se deu pela ação de Cristo e dos membros da comunidade eclesial. Arnold entendia a ação pastoral como uma ação conjunta, que inclui a participação de Deus e do homem. A Igreja aparece como mediadora entre Deus – e sua revelação na história – e o homem, na situação concreta em que se encontra. Deus é o agente principal e a Igreja coopera com Ele, oferecendo seu humilde serviço, sem, porém, ter domínio sobre os meios da salvação ou sobre as pessoas.

No lado francês, P.-A. Liégé (1921-1979), em 1955, defendeu o entendimento da teologia pastoral como reflexão sistemática sobre as diversas mediações que a Igreja realiza, com vistas à edificação do Corpo de Cristo. No ano de 1957, definiu a teologia pastoral como a ciência teológica da ação eclesial. Afirmou seu caráter científico, teológico e eclesiológico e propôs uma subdivisão da teologia pastoral, com base no mandato missionário encontrado nas palavras de Cristo:

> Jesus, aproximando-se deles, falou: "Todo poder me foi dado no céu e sobre a terra. Ide, portanto, e fazei que todas as nações se tornem discípulos, batizando-as em nome do Pai, do Filho e do Espírito Santo e ensinando-as a observar tudo quanto vos ordenei. E eis que eu estou convosco todos os dias, até a consumação dos séculos!". (Mt 28,18-20)

Nesse texto, ele identificou os seguintes ministérios da Igreja: pelo **ministério profético**, a Igreja era enviada a evangelizar; pelo **ministério sacerdotal**, a ministrar o Batismo e os demais sacramentos; e, pelo

ministério pastoral, a ensinar os mandamentos. O teólogo também entendia a ação pastoral como uma ação de Cristo na Igreja com o objetivo de realizar sua missão. Liégé partilhava da sensibilidade do seu tempo, segundo a qual a dimensão pastoral era algo que devia estar presente em toda a reflexão teológica, não podendo restringir-se a uma de suas disciplinas.

Tanto no âmbito alemão quanto no francês, a teologia pastoral dessa época concentrava-se na ação da Igreja em busca de sua autoedificação e era compreendida como disciplina rigorosa e sistemática, com vistas à salvação dos seres humanos e à experiência humana em sua relação com a Igreja. Como verificamos, essa concepção revelou uma postura fundamentalmente eclesiocêntrica, pois, no seu entendimento, o principal objetivo proposto para a ação pastoral é a edificação da própria Igreja. Em nosso ponto de vista, sentimos nessa postura a falta de uma relação mais contundente entre a ação pastoral e a edificação do Reino de Deus, em função do qual está a missão da Igreja.

Na década de 1960, a teologia pastoral recebeu um novo impulso, com o magistério de K. Rahner (1904-1984), que desenvolveu, com diversos outros teólogos do século XX[18], uma reflexão teológica atinente à vida cristã no contexto da sociedade moderna. Tanto a dimensão pastoral quanto a espiritual foram ganhando espaço na reflexão teológica como um todo. Essa orientação pastoral da teologia materializou-se no *Handbuch der Pastoraltheologie* – "Manual de teologia pastoral" –, publicado na Alemanha entre 1964 e 1972, com a colaboração dos melhores pastoralistas da época. Embora tenha sido redigido antes do Concílio Vaticano II, a obra responde às suas exigências pastorais. Trataremos, na seção a seguir, dessa obra e de suas contribuições para a teologia pastoral.

---

18 Ao lado de Rahner, é preciso reconhecer também a contribuição de Marie-Dominique Chenu (1895-1990), Henri de Lubac (1896-1991), Yves Congar (1904-1995), entre outros.

1.4 Teologia pastoral como disciplina teológica

A obra *Handbuch der Pastoraltheologie* (Arnold et al., 1964) trouxe uma grande contribuição para a reflexão pastoral. Nela, pela primeira vez nas fronteiras da teologia católica, estabeleceram-se os fundamentos para a elaboração da teologia pastoral como ciência teológica. Com base em sua compreensão, ela tem por objeto a Igreja inteira, e não apenas o clero – Igreja que tem Cristo como Cabeça e é formada por todos os seus membros, que participam de sua missão, vivificados pela ação do Espírito Santo, que a unifica e, ao mesmo tempo, a impele na realização de sua missão no mundo. Essa missão tem como meta a realização do plano de salvação de Deus para toda a humanidade, manifestado, de forma emblemática, na pessoa e na missão de Jesus Cristo. Dessa maneira, podemos constatar que, no âmbito da teologia pastoral, aparece a dimensão pneumatológica, inédita até então.

Em sua compreensão, a teologia pastoral aproxima-se e, ao mesmo tempo, diferencia-se da eclesiologia, pois esta última tem como objeto de reflexão a Igreja como tal; a primeira, por sua vez, trata sobretudo do caráter dinâmico da comunidade eclesial, isto é, de sua missão, que se realiza nas situações concretas em que as pessoas se encontram.

Com base na nova concepção apresentada por Rahner, a teologia pastoral deixa de ser mera aplicação prática da teologia sistemática, pois se propõe como disciplina autônoma, com método e objeto próprios. É concebida como ciência da autorrealização da Igreja nas mais diversas situações em que se encontra. O valor da obra está, especialmente, na proposição de critérios para a renovação pastoral da Igreja no mundo.

A contribuição oferecida pelo manual, por mais valiosa que tenha sido, tornou-se novamente ponto de partida da reflexão dos teólogos pastoralistas, que buscaram enriquecer os argumentos e também corrigir algumas das posições. Pode-se dizer que a crítica ao modelo proposto pelo *Handbuch der Pastoraltheologie* (Arnold et al., 1964) provocou o surgimento de uma série de teologias práticas.

O congresso de teólogos pastoralistas, realizado em Viena, em 1974, em comemoração aos 200 anos da implantação da teologia pastoral como disciplina teológica, possibilitou a apresentação de novas compreensões. A seguir, faremos uma breve exposição das principais correntes, a fim de auxiliar o entendimento do caminho trilhado por essa disciplina.

H. Schuster (1930-1986), discípulo de Rahner e colaborador do manual, deslocou o centro da teologia pastoral da eclesiologia para a pessoa de Jesus. Em outras palavras, propôs que o ministério de Jesus fosse o ponto de referência primeiro e fundamental da teologia pastoral, com base no qual se estabeleceriam os critérios para discernir o que a Igreja deveria ou não fazer e como deveria fazer. Para Schuster, a Igreja existiria onde houvesse discípulos que se comprometessem com a pessoa de Jesus e, com esperança, dessem continuidade à sua missão. De acordo com essa perspectiva, a Igreja somente seria digna de fé quando definisse sua vida e sua atividade com base no ministério de Jesus. Schuster acreditava que a teologia prática devia avaliar criticamente até que ponto as práticas pastorais eclesiais, nas condições históricas em que se manifestavam, conduziam as pessoas ao encontro com Jesus Cristo e ao efetivo compromisso com seu projeto de vida. A reflexão, que ele preferiu chamar de *teologia prática*, avaliaria se a ação pastoral da Igreja era a expressão do amor, da esperança, da justiça e da liberdade que as pessoas encontravam na pessoa de Jesus, ainda compreensível para o homem de hoje. O teólogo acreditava que a prática dos cristãos precisava ser confrontada com a de Jesus, o qual se converteria, então, no principal ponto de partida para a teologia prática.

R. Zerfass (1934-) compreendeu a teologia prática, fundamentalmente, como **ciência da ação**. Defendeu a importância da colaboração entre as ciências da ação[19] e a teologia. O ponto de partida da teologia pastoral como ciência da ação é a práxis cristã eclesial. Essa teologia, portanto, precisaria recorrer ao estudo da práxis cristã ao longo da história para entender qual deveria ser a práxis da Igreja no contexto da atualidade. Por meio das ciências humanas, seria feita a leitura da realidade em que a Igreja está inserida. No confronto entre a realidade concreta e o ideal da vida cristã, seria possível determinar o que é preciso fazer pastoralmente para diminuir a defasagem entre uma e outra. Esse processo desembocava na programação da ação pastoral, que buscava dar respostas concretas à realidade. A ação decorrente dessa programação, por sua vez, tornava-se objeto da reflexão teológico-pastoral, pois seria sempre necessário refletir sobre ela para verificar até que ponto estaria respondendo aos objetivos para os quais foi proposta.

S. Hiltner (1909-1984), por sua vez, propunha orientar a reflexão da teologia prática com base em três dimensões da pastoral: organização, comunicação e pastoreio. Ao falar de **organização**, ele não pretendia tratar de questões práticas, mas do conjunto de processos que remeteriam à compreensão bíblica do pastor, o qual teria a função de recolher o que está disperso, criar unidade e fundar comunidades. Pela dimensão da **comunicação**, ele entendia os meios por meio dos quais a Igreja promove o anúncio do Evangelho. O **pastoreio** não se referia ao ofício pastoral dos clérigos, mas às respostas e às ações que a Igreja deveria assumir diante das pessoas necessitadas. Embora essas três dimensões fossem bastante relevantes, certamente o que mais surpreende é o esquecimento do ofício da **santificação**, que se realiza, de modo particular, na celebração dos sacramentos.

---

19 Por ciências da ação são entendidas as ciências humanas que têm como objeto de estudo a ação humana: psicologia, pedagogia, sociologia e ciências políticas, econômicas e da comunicação.

As propostas de uma teologia pastoral como teoria da ação ou teoria crítica levaram a uma discussão científica entre teóricos, que foram se distanciando da realidade concreta das comunidades eclesiais. Em decorrência disso, por um lado, nasceu certa desconfiança e recusa a uma teoria de conjunto e, por outro, um olhar de simpatia em favor de uma orientação pragmática. Em resposta a essa situação, C. W. Steck propôs que, com uma teologia pastoral científica – fundamentalmente teórica –, fosse criada novamente uma teologia pastoral como teoria do exercício do ofício do pastor. O autor pensava que o trabalho conjunto dessas diferentes abordagens – uma teórica e outra prática – poderia ajudar a reconciliar a reflexão teórica com a prática pastoral no ofício do pastor. Conforme explanamos, apesar de estar no período pós-conciliar, esse autor continuava pensando a ação pastoral apenas com base na figura do pastor, em vez de pensá-la com base no Corpo de Cristo na sua totalidade.

C. Floristán (1926-2006), professor do Instituto Superior de Pastoral de Madri, pensava a teologia pastoral não como mera prática derivada do direito canônico nem como simples aplicação da teologia sistemática, mas como uma teologia prática, significando uma teoria da práxis da Igreja como Corpo de Cristo. Desse modo, sua compreensão partia do binômio teoria-práxis. Ele propôs três funções principais para a teologia pastoral: analisar a prática eclesial com base em critérios éticos e instrumentos de análise fornecidos pelas ciências psicossociais; apresentar a prática de Jesus e da Igreja dos primeiros séculos por meio de uma exegese histórica e de uma hermenêutica bíblico-pastoral; e, com base no conhecimento da prática eclesial atual e dos modelos pastorais encontrados na pessoa de Jesus e na Igreja nascente, desenvolver um conhecimento teológico-prático que orientasse a ação pastoral da Igreja na atualidade.

Na compreensão de Floristán, a teologia prática se apresentava como a reflexão teológica da ação eclesial, esta compreendida como a atualização, por parte da Igreja, da práxis de Jesus, tendo em vista a edificação do Reino de Deus na sociedade por meio da constituição do Povo de Deus na forma de comunidade cristã. Em outras palavras, era o esforço reflexivo que fazia a comunidade eclesial, com a ajuda dos seus teólogos, a fim de promover, motivados pela fé, um mundo mais justo e solidário.

Segundo o pensamento de Floristán, a teologia prática precisava da cooperação das ciências humanas e sociais para a análise dos mecanismos presentes nas práticas pastorais. Assim, seria essencial analisá-las com base na reflexão teológica e nas ciências humanas. Para a elaboração do projeto pastoral, seria necessário examinar a prática pastoral da comunidade eclesial e comparar seus resultados com a palavra de Deus e com a reflexão teológica para, novamente, voltar ao campo prático com uma proposta de ação renovada. Por isso, o binômio teoria-práxis seria fundamental na teologia prática.

Floristán absorveu, em sua visão, o método desenvolvido no seio da Juventude Operária Católica (JOC), que havia sido amplamente acolhido pela Igreja latino-americana, denominado *ver, julgar e agir*. Na formulação da JOC, esses três momentos podiam ser encontrados também como **realidade experimentada, realidade transfigurada na fé** e **realidade transformada na caridade**. Nessa concepção, o ponto de partida era a realidade, entendida como ação pastoral atual ou como realidade mais ampla, na qual se encontram as pessoas em convívio.

Em um segundo momento, o teólogo recomendava olhar para essa mesma realidade com base na palavra de Deus, para verificar até que ponto ela estava em sintonia com o projeto de Deus, fosse da criação, fosse da salvação. O ponto de chegada devia ser, para ele, a elaboração do projeto pastoral, que, por sua vez, conduzia à vivência concreta – ação –, com vistas a transformar aquilo que ainda não estivesse em sintonia com o projeto de Deus.

A **análise da realidade** era, na visão de Floristán, o primeiro passo e buscava responder à pergunta: O que acontece? Nesse momento, seria preciso não apenas olharmos a realidade externamente, mas procurarmos entender a gênese histórica dos fatos e suas causas causas e antecipar seus possíveis desdobramentos. **Julgar** correspondia à fase interpretativa entre a iluminação e a reflexão; tratava-se do juízo que fazemos da realidade, tendo como parâmetro a fé e a palavra de Deus. Nesse momento, procurava-se responder à pergunta: O que diz Deus sobre a realidade analisada? O fato devia ser analisado pelos cristãos, à luz das ciências humanas e sociais, mas, sobretudo, à luz da palavra de Deus interpretada pela Igreja. Nessa fase, seria fundamental uma adequada hermenêutica que ajudasse a confrontar a proposta bíblica com a situação atual.

No terceiro momento, aparecia o **agir**. Era nessa etapa que se prospectava a ação, com vistas à transformação da realidade. Esse momento contemplava o projeto de trabalho, com o propósito de responder à realidade e transformar as partes que não estivessem em conformidade com o projeto de Deus. Esse terceiro passo respondia à pergunta: O que devemos fazer? Portanto, para Floristán (2002b), a teologia pastoral era uma teologia militante que conduzia à ação concreta objetivando a transformação da realidade.

Uma análise aprofundada poderia oferecer a base para um juízo correto da realidade. Quanto mais rigoroso o juízo, melhores as condições para que a solução proposta, a qual deveria orientar a ação pastoral, fosse uma resposta adequada à realidade.

Brighenti (2006) afirma que, nas décadas de 1970 e 1980, a Igreja latino-americana deu novo impulso à teologia pastoral. Uma primeira contribuição veio na passagem de uma teologia pastoral, que tinha como objetivo primeiro a edificação da comunidade eclesial, para uma teologia que reconhecia a Igreja como sacramento da salvação oferecida por Deus em Cristo, que se tornava concreta e visível no Reino de Deus.

Essa visão dizia que a Igreja está no mundo e, por sua natureza essencialmente missionária, existe para ele. Como cita o Concílio Vaticano II na Constituição pastoral *Gaudium et Spes* (GS, n. 45), "o único fim da Igreja é o advento do reino de Deus e o estabelecimento da salvação de todo o gênero humano". Sua ação pastoral precisa, portanto, ser analisada com base na ótica do Reino de Deus.

A Igreja latino-americana tem consciência de que o Reino ultrapassa as fronteiras da comunidade eclesial, mas, ao mesmo tempo, não está sozinha no compromisso por sua edificação. Por isso, as ações eclesiais não são vistas isoladamente, mas em cooperação com todas as pessoas de boa vontade e com todas as instituições que, de formas diversas, contribuem para que essa realidade sonhada por Deus se torne presente na sociedade, trazendo vida para todos. Com base nessa perspectiva, podemos dizer que a teologia pastoral vai além da reflexão sobre a práxis puramente eclesial, incluindo no seu horizonte a ação das pessoas que, mesmo não se colocando no âmbito eclesial, trabalham seriamente para que o Reino já presente cresça cada vez mais.

Uma segunda contribuição da Igreja latino-americana à teologia pastoral está no fato de que sua reflexão é feita conforme a ótica dos mais necessitados; ela assume como ponto de partida de sua elaboração teológica a opção pelos pobres. Então, a teologia pastoral adota uma postura crítica com relação às estruturas sociais e à prática eclesial, seja no campo da elaboração teórica, por parte da teologia, seja no campo prático, entendido como ação pastoral.

Atualmente, a teologia pastoral divide-se em três segmentos: pastoral fundamental, especial e aplicada. A **pastoral fundamental** trata da ação pastoral da Igreja: os elementos que a constituem; sua relação com a missão de Deus Pai, atuada pelo Filho na força do Espírito Santo; e sua relação com o Reino de Deus, já presente e que deve crescer na realidade concreta em que vivem os homens. Com base nesses elementos, a teologia pastoral deduz os critérios da ação: uma ação divino-humana que tem como meta a comunhão com Deus e a fraternidade com os irmãos, em uma sadia relação com o mundo, criatura de Deus.

A **pastoral especial** refere-se à ação eclesial pela qual a Igreja participa do ministério de Cristo, por meio do ofício pastoral, com a missão de reunir o povo de Deus e se empenhar para que todos tenham vida em abundância; do ofício profético, sendo chamada a anunciar a palavra de Deus e a denunciar quanto se opõe ao seu projeto de vida e salvação para todos; e do ofício sacerdotal, pelo qual ela é chamada a celebrar os mistérios da fé e a santificar pela comunicação da graça de Deus.

A **pastoral aplicada** diz respeito aos projetos pastorais desenvolvidos pelas comunidades cristãs, os quais são fruto do discernimento comunitário. Ela visa responder a situações concretas em que as realidades precisam ser transformadas para se tornarem mais próximas do plano de salvação de Deus. Esses projetos orientam a ação pastoral da comunidade eclesial nas situações concretas a serem atendidas, baseados em objetivos claros e em uma organização que garanta a efetividade da ação de conjunto.

A teologia pastoral, como disciplina científica, tem a responsabilidade de garantir um referencial teórico que analise as ações e as estruturas eclesiais, com vistas a um contínuo aprimoramento na realização da missão que a Igreja recebeu de Deus, a qual constitui sua verdadeira razão de ser (Floristán, 2002b).

1.5 Pastoral: arte e ciência

Até este ponto do texto, tratamos do surgimento e do desenvolvimento da teologia pastoral. Percebemos que houve, entre os teólogos pastoralistas, uma preocupação crescente para que a reflexão teológico-pastoral fosse feita com rigor científico, com o objetivo de que alcançasse reconhecimento entre as demais disciplinas teológicas e, ao mesmo tempo, pudesse oferecer uma reflexão séria e rigorosa, capaz de contribuir positivamente com a comunidade eclesial na realização de sua missão.

É preciso, porém, ter muito claro que, se a reflexão teológica se limitasse a uma abordagem científica, e a ação pastoral, a pôr em prática tudo o que fosse definido por ela, certamente faltariam elementos essenciais na experiência religiosa e na vivência cristã das comunidades. Ao lado da ciência, é preciso colocar a arte; falar de arte é falar de beleza e criatividade, qualidades que buscamos em qualquer expressão artística. Poderíamos até mesmo dizer que beleza e criatividade são critérios fundamentais, com base nos quais avaliamos a arte.

O hebraico, língua na qual foi escrita a maioria dos livros do Antigo Testamento, não tem uma palavra que expresse o significado das palavras *belo* e *beleza* nos dias atuais. No entanto, isso não significa que na Bíblia está ausente o gosto pelo belo. Na perspectiva bíblica, a visão é direcionada mais para a bondade intrínseca das pessoas, das coisas e das ações do que para o aspecto exterior das duas primeiras. O olhar bíblico não separa a exterioridade da interioridade e, por isso, o conceito de *belo* está intimamente ligado ao de *bom* e, muitas vezes, até se identifica com ele.

Na busca de mostrar que Deus é o autor de tudo o que existe, a narrativa sacerdotal da Criação enumera as obras por Ele realizadas, dividindo-as em um esquema de seis dias. Na conclusão de cada um deles, em uma espécie de refrão, o autor reafirma sempre: "E Deus viu que isso era bom" (Gn 1,4.12.18.21.25). No final do sexto dia, depois de ter criado o homem e a mulher, "Deus viu tudo o que tinha feito: e era muito bom" (Gn 1,31).

Essas palavras, consideradas sob a ótica de Deus, mostram como Ele se compraz, pela perfeita correspondência da Criação com seu projeto criativo. Pelo ponto de vista do autor do texto, elas soam como uma espécie de hino de louvor pela obra da Criação, que, na sua grandeza, revela a ordem, a harmonia e a beleza que o Criador imprimiu nas suas obras. Sisti (1998) nota que, na tradução do Antigo Testamento para a língua grega, em todos os textos anteriormente indicados, a palavra hebraica *tôb*[20] foi traduzida pelo termo grego *kalón*, que, em referência a pessoas ou a coisas, significa, em português, "belo, ordenado, sem defeitos, harmonioso em todas as suas partes" (Sisti, 1998, p. 163). Assim, o livro do Eclesiástico (Eclo 42,21) canta um hino de louvor a Deus pelas maravilhas de sua sabedoria e também pela beleza do universo, visto como um todo ou contemplado em cada uma de suas criaturas: o Sol, a Lua, as estrelas, que, com seu esplendor, formam a beleza e ornamentam o céu (Eclo 43,1-10). Da mesma forma, canta a beleza do arco-íris (vers. 11) e da neve, que, pelo seu candor, enche os olhos de quem a vê (vers. 18). Assim, a chuva, o vento e a imensidade do mar (vers. 20-26) são obras de Deus que manifestam sua glória e nos enchem de motivos para glorificá-lo muito mais que qualquer outra coisa (vers. 27-33).

O livro da Sabedoria (Sb 13,1-9), por sua vez, apresenta uma crítica aos que, enquanto buscavam encontrar a Deus por meio de suas criaturas, se deixaram seduzir por sua beleza exterior, convictos de que é belo apenas o que se vê com os olhos do corpo (vers. 6-7), porém não souberam, por Suas criaturas, chegar ao Criador. Essa experiência é acessível ao homem de fé: "Sua realidade invisível – seu eterno poder e sua divindade – tornou-se inteligível, desde a criação do mundo, através das criaturas" (Rm 1,20). Da grandeza e beleza da Criação, por analogia, pode-se contemplar seu autor.

Se todo o universo é, em si mesmo, um hino de louvor ao seu Criador, ainda mais é o homem, criado à sua imagem e semelhança (Gn 1,26-27). Ele é o ser que reflete de forma mais próxima e mais perfeita o esplendor, a glória e a grandeza de Deus (Sl 8). Com base nessa concepção

---

20 A palavra hebraica *tôb* significa "bom", mas, dependendo do contexto, pode também ser traduzida por "prazeroso", "benévolo", "clemente", "verdadeiro", "belo", "honesto" e "valoroso".

bíblica, o Pseudo-Dionísio afirma que a beleza marca profundamente a vida do homem: criado com base em um arquétipo de beleza, ele a tem dentro de si como gérmen e, ao mesmo tempo, como sua mais alta vocação. Por isso, determina seu destino: Deus nos chama a participar de sua beleza. Podemos perceber a profundidade das palavras de Pseudo-Dionísio (Areopagita, 2007). O ser humano está marcado pela beleza, isto é, ela faz parte do seu ser, da sua identidade mais profunda, da sua própria natureza. É como se disséssemos que a beleza está inscrita no DNA do ser humano. Não lhe dar importância é como negar uma parte de nós mesmos. Disso decorre a seguinte frase: O que lhe pertence desde o nascimento, como gérmen, torna-se a sua mais alta vocação – participar da beleza do seu Criador.

São Basílio, por sua vez, afirma que o ser humano, por natureza, deseja o belo (Basílio Magno, 2014). Esse desejo, na verdade, manifesta uma sede de si mesmo, pois, tendo sido criado à imagem de Deus, o ser humano é um ser aparentado a Ele e, nessa semelhança, busca e revela a Beleza divina.

Santoro (2008) destaca que, nos últimos séculos, diante do pesado ataque da modernidade, que acentuou fortemente a racionalidade e reivindicou com radicalidade a autonomia do mundo em relação ao sagrado, a ação pastoral da Igreja acabou insistindo mais sobre a doutrina e as exigências éticas e políticas do cristianismo. Neste início de milênio, porém, torna-se urgente a retomada do tema da beleza. Sem substituir nem a ética nem a verdade, a beleza se apresenta hoje com um instrumento valioso de evangelização.

Ultimamente, o Magistério vem ressaltando a relevância desse tema. O Papa Paulo VI, na mensagem *Aos artistas*, publicada no dia 8 de dezembro de 1965, falou da importância da beleza para o homem da sociedade moderna: "A beleza, como a verdade, é a que traz alegria ao coração dos homens, é este fruto precioso que resiste ao passar do tempo, que une as gerações e as faz comungar na admiração" (Paulo VI, 1965).

No Salmo 8 (Sl 8), encontramos a experiência de Deus, relatada pelo salmista diante da imensidão do universo. Por meio dessa experiência, ele compreende a grandeza do ser humano: "o fizeste pouco menos do que um deus" (vers. 6). O Papa João Paulo II (1999a), em sua *Carta do Papa João Paulo II aos artistas*, do dia 4 de abril de 1999, reconhece como esse pode ser um caminho fundamental para o homem contemporâneo se reencontrar com Deus. A experiência do assombro diante da sacralidade da vida, da grandeza do próprio ser humano e das maravilhas do universo pode despertar o desejo de uma experiência de transcendência, na busca daquele que está na origem dessas criaturas que manifestam beleza, harmonia e esplendor. Segundo o papa, o homem contemporâneo tem necessidade dessa experiência de plenitude para enfrentar os desafios cruciais que se apresentam no horizonte de sua experiência. É nessa perspectiva que ele entende a frase de Dostoiévski (2007, p. 344), o qual afirma, em sua obra *O idiota*: "A beleza salvará o mundo".

Fixando-se na frase "És o mais belo dos filhos dos homens" (Sl 45,3), João Paulo II (2004) afirma que, com base nessa expressão do salmista, a tradição cristã passou a apresentar Jesus Cristo como o homem perfeito e fascinante. O papa conclui seu pensamento dizendo que, no contexto atual – de um mundo marcado, com frequência, pelo feio e pela degradação –, essa imagem, cristalizada pela tradição cristã, constitui um verdadeiro convite a revalorizar o caminho da beleza na experiência de fé, na reflexão teológica e na obra da evangelização, a fim de elevar-se até a beleza divina. A beleza, como entendida pelo papa, não se limita à exterioridade, mas envolve o ser na sua totalidade; ela se harmoniza com a bondade e a santidade de vida. É preciso deixar claro que, ao falar de beleza nesse contexto, o papa não se refere a um conceito superficial, que se ocupa apenas da aparência e da exterioridade. Trata-se, em vez disso, de um conceito abrangente, que congrega a beleza à verdade e ao bem.

O caminho da beleza tem, no pensamento de João Paulo II, uma concentração na pessoa de Jesus Cristo, Verbo feito carne, resplandecente de glória e beleza. A pessoa de Jesus, por sua bondade e grandeza, é capaz de suscitar, nos homens de todos os tempos, um fascínio muito maior que a sedução do mal. Como afirma Santoro (2008) – de forma muito pertinente –, encontramo-nos diante de uma indicação valiosa para todo o trabalho de evangelização. Não são as regras, nem mesmo um articulado sistema doutrinário, que conquistam a adesão e o consenso das pessoas; é a beleza da presença que dá sentido à vida humana e a plenifica.

Na ação evangelizadora, é importante ter em mente que o objeto específico da religião não são regras nem normas. Certamente, em muitas situações, acentuou-se demasiadamente o ensinamento moral, a tal ponto que muitas pessoas recusam a religião justamente por associá-la a um fardo que torna a existência humana pesada e sem brilho. A religião, porém, deve colocar-se no outro polo: o da atração, do fascínio. Platão, na alegoria da caverna, deixa claro que, uma vez saído da caverna, o homem não quer mais voltar para lá. Ninguém quer voltar a uma situação inferior (Platão, 1972). O ser humano traz um desejo inato de transcendência e de plenitude. Por isso, tudo o que é belo e tudo o que ele compreende que pode tornar sua vida mais plena o atraem profundamente.

Com isso, não estamos querendo dizer que a ética não é parte da vivência religiosa. Isso seria algo completamente sem sentido, pois o compromisso ético é elemento fundamental e característico das religiões. Queremos dizer, porém, que a moral é um elemento indispensável à religião, mas não é originário dela. Em consequência, a ação evangelizadora não deve começar por normas e proibições, como se a religião fosse algo incompatível com o prazer de viver. O ponto de partida da experiência e da vivência religiosas é o encontro com o Transcendente, que para nós, cristãos, é o Deus de Jesus Cristo. Essa experiência enche os olhos, aquece o coração e tem poder de atração, a ponto de motivar as pessoas a uma vivência ética que encontra sua mais alta expressão no amor ágape, que é o amor da gratuidade, o qual é capaz de conduzir até a experiência extrema de dar a vida pelo outro.

Em sua homilia na missa de inauguração da Conferência de Aparecida, no dia 13 de maio de 2007, Bento XVI (2007) disse que o que faz a Igreja crescer não as são atitudes proselitistas, mas a força da atração: "como Cristo 'atrai todos a si' com a força do seu amor". A experiência de Paulo é emblemática nesse sentido. Ele se sentiu tão fascinado e plenificado pela pessoa de Cristo e sua vida foi transformada de tal maneira que o Filho de Deus se tornou o todo em sua vida: "Já não sou eu que vivo, mas é Cristo que vive em mim" (Gl 2,20).

Foi esse o caminho trilhado pelos bispos latino-americanos e caribenhos na Conferência de Aparecida. Eles notaram que, na experiência dos primeiros discípulos, a admiração pela pessoa de Jesus e a experiência de sentirem-se acolhidos e amados, bem como de serem chamados pelo nome, suscitaram neles uma adesão plena à pessoa de Jesus (Jo 10,3). A resposta foi um sim, que comprometeu a vida na sua totalidade ao acolhê-lo como caminho, verdade e vida (Jo 14,6). É a resposta de amor a quem se sentiu amado primeiro (Jo 13,1) que, na expressão do evangelista Lucas, se transforma em fidelidade por toda a vida: "Eu te seguirei para onde quer que vás" (Lc 9,57). Santoro (2008, p. 96) afirma que a "força de atração e o fascínio caracterizam o encontro com o Senhor Jesus que dá origem ao discípulo missionário". O encontro com a Boa-Nova do Evangelho é algo que enche o coração e a vida daqueles que se encontram com Jesus (EG, n. 1) e, por isso, impele à missão:

"O bem tende sempre a comunicar-se. Toda a experiência autêntica de verdade e de beleza procura, por si mesma, a sua expansão" (EG, n. 9). Nessa perspectiva, o Papa Francisco faz referência à catequese, expondo que o verdadeiro anúncio deve mostrar que crer e seguir Jesus Cristo

> não é algo apenas verdadeiro e justo, mas também belo, capaz de cumular a vida dum novo esplendor e duma alegria profunda, mesmo no meio das provações. Nessa perspectiva, todas as expressões de verdadeira beleza podem ser reconhecidas como uma senda que ajuda a encontrar-se com o Senhor Jesus. (EG, n. 167)

Poderíamos nos perguntar: Por que as expressões de verdadeira beleza nos ajudam a encontrar a Deus? Note como as palavras do Pseudo-Dionísio que citamos anteriormente nos ajudam a entender essas palavras do Papa Francisco. Ele diz que fomos criados com base no arquétipo da beleza. O livro do Gênesis exprime que fomos criados à imagem e semelhança de Deus (Gn 1,26-27). Então, o arquétipo da beleza é o próprio Deus. Assim, podemos concluir que as expressões de beleza nos revelam, embora de forma velada, o próprio Deus.

Ao longo de nossa reflexão, chamamos a atenção para o fato de que não se trata de um conceito superficial de beleza. Essa preocupação fica muito clara nas palavras do Papa Francisco, quando afirma que não é um relativismo que encara a beleza de forma superficial. Pelo contrário, trata-se de uma beleza que integra a verdade e a bondade. Essa tríade é fundamental, e sua preocupação está centrada em recuperar a estima pelo elemento que está um tanto esquecido: a beleza. Nela, o papa reconhece um caminho importante para "chegar ao coração do homem e fazer resplandecer nele a verdade e a bondade do Ressuscitado" (EG, n. 167). O Filho de Deus que assumiu a natureza humana "é a revelação da beleza infinita, é sumamente amável e atrai-nos para Si com laços de amor" (EG, n. 167).

Com base nisso, o papa afirma que a formação para a beleza como caminho de encontro com Deus – em latim, chamada *via pulchritudinis* – é considerada elemento integrante na transmissão da fé. "É desejável que cada Igreja particular incentive o uso das artes na sua obra evangelizadora, em continuidade com a riqueza do passado, mas também na vastidão das suas múltiplas expressões atuais, a fim de transmitir a fé numa nova 'linguagem parabólica'" (EG, n. 167).

Retomando o que mencionamos no início de nossa reflexão, na arte, ao lado da beleza, está a criatividade – um elemento essencial para uma ação evangelizadora eficaz. A Igreja vai fazendo sua caminhada histórica à luz da reflexão teológica, das orientações do Magistério e da experiência de fé vivida por toda a comunidade eclesial. Nessa trajetória, há momentos de continuidade e outros de grandes inovações, como tem sido para a Igreja Católica o Concílio Vaticano II e para a Igreja latino-americana suas próprias conferências. São momentos de renovação necessários para que a Igreja mantenha sua pertinência na evangelização do mundo contemporâneo.

Tão importante como as inovações que ocorrem nesses eventos é sua aplicação concreta na vida da Igreja. Ótimas decisões e projetos que não chegam à realidade das comunidades eclesiais não passam de letra morta. Por outro lado, uma aplicação sem a necessária atenção pelas realidades concretas de cada comunidade pode caracterizar, até mesmo, uma forma de violência em relação a essas comunidades.

Não temos a pretensão de ser exaustivos na reflexão que segue, mas de enfatizar alguns elementos de suma importância. As mudanças precisam levar em conta a sensibilidade de cada comunidade, a qual está muito ligada às realidades socioculturais em que cada uma delas está inserida. Tomando como exemplo a nação brasileira, podemos dizer que ela é constituída de uma grande diversidade de raças, culturas e tradições. Determinadas metodologias pastorais, que podem revelar-se muito eficazes em certos ambientes, podem não ser oportunas para outros, e problemas cruciais em algumas realidades podem ser secundários em outras.

Assim, ao propormos uma novidade em nossa ação pastoral, precisamos ter consciência de que aquilo que desejamos mudar talvez tenha se constituído em uma tradição, ao longo de diversos séculos. Em outras palavras, tornou-se uma prática e um costume seculares. É muito fácil compreender a importância disso: um costume de séculos não muda de uma hora para outra. Nos projetos e na ação pastorais, é preciso ter consciência de que a maioria das pessoas necessita de um longo tempo para entender que algo que, para elas, foi sempre assim, tem, agora, de ser mudado. Elas precisam, antes, compreender o sentido da mudança e, sobretudo, convencer-se de que a novidade realmente significa um passo à frente na vida de fé.

Retomando nossa reflexão podemos dizer que, quando a pessoa entende que aquilo que está sendo proposto é maior, mais belo e mais verdadeiro, ela não apenas se dispõe a mudar, mas passa a exigir a mudança. Por outro lado, uma mudança imposta e não compreendida pode nunca ser digerida; até pode ser suportada, mas não amada. Permanece sempre o desejo de retornar às práticas anteriores, simplesmente porque, na compreensão dela, eram mais belas, mais verdadeiras e melhores.

Síntese

A teologia patrística é eminentemente pastoral, pois tem como objetivo orientar as pessoas e as comunidades cristãs na vivência de sua fé. Boa parte de sua reflexão se apresentava como comentário da Sagrada Escritura, com vistas a orientar e nutrir a vida de fé. Com o surgimento da teologia escolástica no ambiente universitário, a teologia passou a dar maior atenção à cientificidade de sua reflexão. Uma das consequências foi o distanciamento entre a teologia e a vida concreta das comunidades cristãs. A reflexão teológica busca elaborar grandes sínteses, mas permanece distante da vida das comunidades eclesiais e de sua ação pastoral.

Na Idade Moderna, muitos teólogos manifestavam seu desconforto diante da ignorância religiosa dos leigos e atribuíam a causa dela à deficiência dos pregadores, formados numa teologia abstrata, seca e teórica. Uma das respostas a essa realidade é a criação da teologia pastoral, que tece sua história procurando adequar-se às exigências da cientificidade, sem perder o contato com a sapiência. Em vista da complexidade das realidades e dos desafios com os quais se confronta, a cientificidade, por mais importante que seja, não se basta; a ela é preciso unir a arte e a sabedoria.

Indicação cultural

Artigo

SOUZA, N. de. Ação católica, militância leiga no Brasil: méritos e limites. **Revista de Cultura Teológica**, v. 14, n. 55, p. 39-59, abr./jun. 2006. Disponível em: <https://revistas.pucsp.br/index.php/culturateo/article/view/15033>. Acesso em: 28 fev. 2018. Excelente artigo para conhecer a história da ação católica e, sobretudo, sua contribuição pastoral na Igreja da América Latina e do Caribe.

Atividades de autoavaliação

1. O Novo Testamento é a primeira elaboração teológica realizada pela comunidade dos discípulos de Jesus. Ele é também ponto de referência essencial para a elaboração teológica ao longo da história. Assinale a alternativa que reúne as principais características da teologia neotestamentária:
   a) Trinitária, universal, uniforme e existencial.
   b) Cristológico-trinitária, eclesial, existencial e contextualizada.
   c) Cristológica, uniforme, contextualizada e trinitária.
   d) Existencial, cristológico-trinitária, universal e esperançosa.

2. Ao longo da história do cristianismo, a teologia e a pastoral nem sempre estiveram próximas uma da outra. Considerando a relação entre elas, assinale a alternativa correta:

   a) No século XVIII, a grande proximidade entre a teologia e a pastoral favoreceu o surgimento da disciplina Teologia Pastoral.

   b) A teologia patrística é voltada para a pastoral, pois a maioria dos seus textos tinha como objetivo nutrir e orientar a vida de fé.

   c) Com o surgimento da teologia escolástica, ligada às universidades, a teologia deu passos importantes de aproximação da realidade pastoral da Igreja.

   d) Teologia e pastoral, na verdade, são duas realidades distintas e, por isso, não importa que haja uma proximidade entre elas.

3. A teologia pastoral como disciplina teológica surgiu no século XVIII. Assinale a alternativa que reúne os adjetivos mais adequados para caracterizar a teologia católica nesse período:

   a) Combativa, submissa e doutrinal.

   b) Criativa, doutrinal e crítica.

   c) Dialogal, submissa e criativa.

   d) Crítica, doutrinal e dialogal.

4. F. X. Arnold, conhecido teólogo da Escola de Tubinga, entendeu a teologia pastoral como:

   a) teologia das ações do clero.

   b) introdução científica do pastor na adequada administração de seu ofício.

   c) uma espécie de receituário para que os pastores pudessem exercer adequadamente seu ofício.

   d) teologia das ações da Igreja.

5. Na ação evangelizadora, é de suma importância ter presente que o fundamento da religião:
   a) são as normas da Igreja.
   b) é a moralidade.
   c) é o encontro com o Transcendente que fascina.
   d) é a ajuda ao próximo.

Atividades de aprendizagem

Questões para reflexão

1. Elenque os principais motivos que levaram a teologia pastoral a entender a ação pastoral como algo que se refere unicamente ao clero.

2. Com base na reflexão desenvolvida neste capítulo, faça uma apreciação sobre a relação tecida pelo autor entre pastoral e arte.

Atividade aplicada: prática

1. Com base na reflexão desenvolvida neste capítulo, elabore uma definição de teologia pastoral e outra de ação pastoral.

2
Fundamentos bíblicos da ação pastoral

o falarmos de pastoral, estamos nos referindo a uma ação fundamental da Igreja, pois ela é, "por sua natureza, missionária" (AG, n. 2). Em outras palavras, a razão de sua existência está na sua vocação de dar continuidade ao grande projeto de Deus, que é a salvação de toda a humanidade. No que se diz respeito à salvação, porém, precisamos logo superar uma compreensão parcial que a entende somente em sua relação com o pecado, como se salvar alguém significasse apenas perdoar seus pecados. Por sua ação, Jesus nos mostra, de forma clara, que a salvação se refere a todas as dimensões da pessoa humana[1]. O grande sonho de Deus é que todos tenham vida, e em plenitude (Jo 10,10). Por isso, em certas situações, Jesus diz à pessoa que seus pecados estão perdoados: "Vai, e de agora em diante não peques mais" (Jo 8,11); outras vezes, porém, o que impede a vida plena são outros fatores, que envolvem a saúde e a integração social (Mc 2,1-12; 3,1-6), e a ação pastoral de Jesus responde à situação existencial concreta de cada um.

---

1 Para aprofundar essa compreensão, sugerimos a leitura do livro de Castillo (2015), de modo particular as páginas 302 a 380.

Pelo que tratamos até aqui, fica claro que, para compreender a missão da Igreja, é preciso olhar para a própria ação de Deus junto a seu povo. No entanto, podemos dar um passo a mais e dizer que, se precisamos olhar para Ele para entender o que fazer, da mesma forma, precisamos olhar para Ele para entender como fazer. É a isso que nos propomos neste capítulo: conhecer o modo como o próprio Deus foi pastor do seu povo. Disso decorrem algumas perguntas, para as quais precisamos buscar respostas na Sagrada Escritura: O que os autores sagrados entendem quando dizem que Deus é o pastor do seu povo? O que significa dizer que Jesus é o Bom Pastor? Uma curiosidade a mais: A compreensão de Deus como pastor de seu povo é algo exclusivo da tradição judaico-cristã ou outros povos também usaram esse título para falar de suas divindades?

2.1 Javé, pastor do seu povo

A experiência nos mostra de forma abundante que, ao conhecer outras culturas, acabamos por conhecer melhor a nossa. Ao observar que outras pessoas têm costumes e valores diferentes dos nossos, damo-nos conta de nossa originalidade e, ao mesmo tempo, do que temos em comum com outros povos. De forma análoga, podemos dizer que, quando entramos em contato com outras tradições religiosas, passamos a conhecer melhor a nossa, pois percebemos nosso modo próprio de crer e de nos relacionarmos com Deus. Por isso, antes de falar propriamente de Javé como pastor de seu povo, vamos explicar como esse título de pastor era empregado em outras tradições religiosas.

A concepção de deus[2] como pastor estava presente na Mesopotâmia do terceiro milênio antes de Cristo, com algumas singularidades. A ação

---

2 Usamos a palavra *deus* em minúscula quando nos referimos às divindades mesopotâmicas e egípcias.

desse deus não se referia a uma vida futura ou à imortalidade, mas à vida presente. Nesta, a ação e a proteção de deus como pastor seriam determinantes, e o bom êxito nos empreendimentos não dependeria das qualidades pessoais – inteligência e esperteza – nem do apoio da própria família ou de eventual herança dela recebida, porém do fato de que "deus cuidava": ele seria aquele capaz de garantir descendência, saúde, bem-estar e todo o demais, que caracterizava uma vida bem-sucedida. Dessa compreensão, brotaram expressões que atestavam a confiança em deus, que procurava boas pastagens para o homem e, ao mesmo tempo, súplicas pela sua atenção: "Meu deus, eu não sou teu inimigo, dirige teu coração para mim" (Bosetti, 1986a, p. 10).

A compreensão que havia no Egito, revelada por textos contextualizados entre os anos 2500 a.C. e 2250 a.C., era de que a ação de deus como pastor não se estendia a todo o povo. Pelo contrário, era reservada apenas ao faraó: após sua morte, o deus Mechenti-irti o acolhia em seus braços, garantindo-lhe o dom da imortalidade. Nessa concepção, a ação de deus-pastor estava ligada à vida, visto que garantia a imortalidade, mas era reservada apenas ao faraó.

No período de 2135 a.C. a 2000 a.C., a compreensão de deus como pastor entre os egípcios passou por mudanças significativas. Diante da insegurança causada pela forte crise no império, a palavra *pastor* passou a ser usada para expressar as atitudes de deus para com suas criaturas, e não mais apenas para com o faraó. Perante a situação catastrófica do império, em suas lamentações, Ipu-ur dirige-se a deus e pergunta: "Onde está hoje? Está dormindo? Eis que não se vê o seu poder!" (Bosetti, 1984, p. 79). Justamente porque deus é o pastor de todos e não existe mal em seu coração, espera-se que assuma suas responsabilidades e, como consequência, guie e proteja seu rebanho. Podemos perceber aqui a expectativa de Ipu-ur de ser levado a sério por deus. O escrito sapiencial de 2000 a.C., denominado *Ensinamento para Merikara*, manifesta explicitamente a convicção de que os homens são o rebanho de deus e, assim, afirma que o rei devia cuidar do povo como representante de deus e nunca como senhor absoluto (Bosetti, 1986a)[3].

Mais tarde, no final do segundo milênio antes de Cristo, tanto na Mesopotâmia quanto no Egito, o título de pastor foi atribuído ao Sol. Ele era celebrado porque difundia sua luz no mundo todo e manifestava sua providência e seu cuidado para com todas as criaturas, apascentando todos os seres viventes (Bosetti, 1986a). Como você pode notar, é forte o sentido da universalidade, pois o Sol é um só e se ocupa de todos os seres viventes, sem qualquer limite de fronteiras.

Esses breves acenos com relação à concepção de deus como pastor na Mesopotâmia e Egito mostram-nos que o título de pastor atribuído a deus está fortemente ligado ao tema da vida: o deus-pastor manifesta cuidado e proteção para com suas criaturas.

O foco principal de nossa reflexão, porém, é a experiência de Deus como pastor de seu povo na tradição judaico-cristã. Um olhar atento para a Sagrada Escritura revela coisas muito interessantes. A primeira delas é que o tema de Deus como pastor aparece nas três grandes partes do Antigo Testamento – Pentateuco, Profetas e Escritos Sapienciais – e também no Novo Testamento, o que nos permite afirmar que esse assunto perpassa toda a Bíblia. A segunda é o fato de que, no Antigo Testamento, Deus é chamado de pastor apenas três vezes. Em Gn 48,15, o título aparece no contexto de pedido de benção para a própria descendência: "Que o Deus diante de quem caminharam meus pais Abraão e Isaac, que o Deus que foi meu pastor desde que eu vivo até hoje, que o Anjo que me salvou de todo mal abençoe estas crianças, que nelas

---

3 É muito significativo um texto do *Ensinamento para Merikara* citado por Bosetti (1984, p. 81), o qual recomenda ao rei: "Cuida do povo que é o rebanho de Deus. Foi por amor aos homens que ele fez o céu e a terra e conteve a avidez das águas. Foi para que seus narizes vivam que ele fez o vento, uma vez que eles são semelhança dele, saídos do seu corpo. É por amor a eles que ele surge no céu; para eles fez as ervas, os animais, os pássaros e os peixes, para que lhes saciem a fome".

sobrevivam o meu nome e o nome de meus pais". No Salmo 23, o uso do termo denota uma relação de profunda confiança: "Iahweh é meu pastor, nada me falta" (Sl 23,1); no Salmo 80, o salmista serve-se do termo para fundamentar um pedido de socorro: "Pastor de Israel, dá ouvidos, tu que guias a José como um rebanho" (Sl 80,2).

Em um primeiro momento, isso poderia nos levar a pensar que o tema tem pouca importância. Porém, essa impressão inicial muda rapidamente quando nos damos conta da frequência com que aparece o verbo *apascentar* – o qual indica a ação do pastor – e, ao lado dele, uma série de verbos que explicitam o agir de Deus como pastor[4]. Como você pode intuir, isso mostra que, na concepção bíblica, bem mais importante que o título em si é o comportamento, isto é, a ação concreta que revela na história a presença atuante de Deus como Bom Pastor de seu povo. Essa ação de Deus pode ser explicitada por quatro verbos, ao redor dos quais podemos articular os demais: guiar, cuidar, defender e amar. Nas próximas seções, seguiremos o esquema proposto por Bosetti (1986a) para os papéis de Deus como pastor.

2.1.1 Pastor que guia

O ponto de partida para a compreensão de Deus como pastor que guia está na experiência do Êxodo. O canto entoado por Moisés e pelos filhos de Israel (Ex 15) glorifica a Deus por sua prodigiosa ação, por meio da qual libertou seu povo da escravidão do Egito e o conduziu para a terra prometida: "Levaste em teu amor este povo que redimiste, e o guiaste com amor para a morada que consagraste!" (Ex 15,13). A experiência de ser tirado de uma situação e levado para outra, a qual evoca uma

---

4 Bosetti (1986a) faz uma relação dos verbos que expressam a ação do pastor: apascentar, conduzir, guiar, dirigir, procurar, cuidar, trazer de volta, reunir, guardar, visitar, libertar, fazer justiça, salvar, conhecer, confortar e fazer aliança.

ação que é própria do pastor (Sl 78,52), une-se à experiência de ter sido conduzido com segurança e protegido diante das ameaças do exército egípcio: "Os carros de Faraó e suas tropas, ao mar ele lançou" (Ex 15,4). O texto do livro do Gênesis, que narra como Jacó adota e, ao mesmo tempo, abençoa os dois filhos de José, associa a experiência da vida nômade da família de Jacó com a experiência do Deus-pastor que se solidariza com o povo que ama: "o Deus diante de quem caminharam meus pais Abraão e Isaac, [...] o Deus que foi meu pastor desde que eu vivo até hoje" (Gn 48,15). Como você pode perceber, a compreensão de Deus como pastor está intimamente ligada à ação de caminhar com seu povo, de conduzi-lo e guiá-lo nos caminhos que levam à vida.

Os termos que indicam a ação de Deus como guia estão presentes, de forma ainda mais ampla, no livro de Salmos. Grenzer (2012) nota que a popularidade do Salmo 23, um dos textos mais amados pelo povo brasileiro, deve-se, em boa parte, ao fato de que o Senhor Deus de Israel é apresentado como pastor: "Para as águas tranquilas me conduz e restaura as minhas forças; ele me guia por caminhos justos, por causa do seu nome" (Sl 23,2-3). Como podemos perceber, os verbos usados aqui são os mesmos usados em Ex 15,13 – *conduzir* e *guiar* –, o que mostra o quanto a experiência da libertação do Egito marcou a história do povo de Israel e também sua compreensão de Deus.

O Salmo 78 se apresenta como uma longa meditação sobre a história do povo de Israel, com a finalidade de recordar e celebrar. Narrar os fatos do passado permite, de certa forma, trazê-los para o presente e, sobretudo, renovar a confiança de que o mesmo Deus que libertou e conduziu seu povo pelo deserto continua apascentando seu povo no momento atual. Desse modo, o salmista transmite às próximas gerações o que ele mesmo ouviu de seus pais: "O que nós ouvimos e conhecemos, o que nos contaram nossos pais, não esconderemos a seus filhos; nós o contaremos à geração seguinte" (Sl 78,3-4). A imagem que ele usa para referir-se à saída do Egito é a das ovelhas que saem do estábulo guiadas pelo pastor divino: "Fez seu povo sair como um rebanho e como ovelhas conduziu-os no deserto. Guiou-os com segurança e não temeram" (Sl 78,52-53).

O Salmo 80, que tem como pano de fundo a difícil situação vivida pelo reino do Norte, apresenta-se como uma súplica para que Deus venha em socorro do seu povo. Para isso, o salmista volta-se para o passado, recordando as ações de Deus, e pede a Ele que intervenha e, como pastor que apascenta e conduz, salve seu povo (Sl 80,2-3).

A originalidade dos profetas está no fato de terem inserido o tema do pastor que guia na perspectiva do novo Êxodo. Nesse contexto, Oseias assume uma postura crítica diante da dureza de coração do povo; denuncia sua rebeldia e reclama de sua teimosia, comparando-o a uma novilha indomável (Os 4,16). Deus mantém sua atitude de pastor que conduz e guia, porém depara-se com uma situação de resistência por parte do seu povo.

O Segundo Isaías[5], por sua vez, serve-se da alegoria do pastoreio para consolar seu povo, apresentando Deus como pastor que reúne, protege e conduz seu rebanho: "Como o pastor ele apascenta seu rebanho, com o braço reúne os cordeiros, carrega-os no regaço, conduz carinhosamente as ovelhas que amamentam" (Is 40,11). No Capítulo 49, a ação de conduzir e guiar está associada à de apascentar. Por isso, os prisioneiros que caminham em direção a Sião encontrarão pastagens e não sofrerão nem de fome nem de sede, pois aquele que se compadece deles os guiará e os conduzirá aos mananciais (Is, 49,9-10).

A compreensão de Deus como pastor, na literatura sapiencial, não se reduz ao que já identificamos nos salmos. Os livros do Eclesiastes e do Eclesiástico apresentam Iahweh como o pastor que conduz e guia seu povo, mas o fazem de forma original: a relação não é mais com o Êxodo,

---

5 Chama-se Segundo Isaías ou Dêutero-Isaías ao suposto escritor dos capítulos 34 a 45 do livro, que tratam do exílio judeu na Babilônia.

mas sim com a Criação. O pastor é associado ao mestre e ao sábio, que criou a sabedoria e a difundiu em todas as suas obras (Eclo 1,8-9). Assim, Eclo 12,11 compara as palavras dos sábios a aguilhões e a estacas fincadas pelo pastor. Com base nessa perspectiva, Deus que é a fonte da sabedoria, guia seu povo, mapeando seu caminho para que nenhum de seus filhos se perca. Por sua vez, o livro do Eclesiástico, refletindo sobre a caducidade da existência, afirma que a brevidade da vida humana soa para Deus como um apelo à sua compaixão: "A misericórdia do homem é para com o seu próximo, mas a do Senhor é para com toda carne: admoesta, corrige, ensina, reconduz, como o pastor, o seu rebanho" (Eclo 18,13). Esse é o Deus que guia seu povo como faz o pastor com seu rebanho.

2.1.2 Pastor que provê

Não basta que o pastor guie seu rebanho; ele precisa também prover o quanto for necessário para que sua criação viva: água, pastagens, lugares frescos para o repouso e um lugar seguro onde o rebanho possa recolher-se, sobretudo, durante a noite.

Os salmos também ocupam lugar de destaque no desenvolvimento dessa temática. O Salmo 23 expressa com arte o sentido de segurança vivido por aquele que é apascentado por Iahweh: "nada me falta" (Sl 23,1)[6]. Essa expressão sintética é explicitada nos versículos que seguem, os quais, pelo uso de metáforas diversas, exprimem os cuidados do pastor, que provê todo o necessário à sua criação: alimentação, tranquilidade e segurança. Estar sob o pastoreio de Iahweh garante felicidade e amor por dias sem fim (Sl 23,6). O pastor que provê o alimento, preparando uma mesa (Sl 23,5), é uma clara alusão à experiência de Deus no Êxodo: o Deus-pastor que conduzia seu povo também providenciava

---

6 Para uma apresentação atualizada do Salmo 23, consulte Grenzer (2012, p. 301-321). O mesmo texto pode ser encontrado em Fernandes; Grenzer (2013, p. 69-89).

aquilo de que esse povo necessitava para continuar seu caminho e, no deserto, preparou para ele uma mesa: "Ao crepúsculo comereis carne, e pela manhã vos fartareis de pão; e sabereis que eu sou Iahweh vosso Deus" (Ex 16,12).

A alegoria do pastor que provê é desenvolvida também pelos profetas. Diante da dominação dos filisteus, o profeta Isaías busca encorajar o povo e, para isso, apresenta Deus como pastor que dedica atenção particular aos fracos, protegendo-os de quem representa uma ameaça e provendo suas necessidades: "Os primogênitos dos fracos terão pastagem, os indigentes repousarão em segurança" (Is 14,30). Por ocasião do novo êxodo, a caminho para sua terra, a ação do pastor que provê garante proteção e segurança, de modo que possam caminhar sem que nada lhes falte: "Não terão fome nem sede, a canícula e o sol não os molestarão, porque aquele que se compadece deles os guiará, conduzi-los-á aos mananciais" (Is 49,10)[7].

No livro de Sofonias, o pastoreio de Iahweh adquire uma forte conotação política e social. Ele vai destruir os opressores, e a Filisteia devastada será de tal modo alterada que servirá de local seguro para o rebanho: "A liga do mar será transformada em pastagens, em prado para os pastores e em aprisco para as ovelhas" (Sf 2,6).

Miqueias, por sua vez, suplica a Iahweh que Ele apascente seu povo, como o fizera por ocasião da libertação do Egito. O ponto de partida para essa esperança é a experiência do Êxodo: o Deus que agiu no passado é fiel e deve agir novamente de forma semelhante aos tempos antigos: "Apascenta o teu povo com o teu cajado, o rebanho de tua herança, que mora sozinho na floresta em meio a uma terra frutífera. Que pastem em Basã e em Galaad, como nos dias antigos!" (Mq 7,14). Dessa maneira, Deus se comporta como o pastor que provê e alimenta seu rebanho.

---

7 A alegoria do pastor que provê alimentação abundante para seu rebanho, aplicada a Iahweh, pode ser encontrada em Ez 34,14-26.

2.1.3 O pastor que liberta

Chama atenção o nível de empenho de Deus nas "atividades extremas" de um pastor, pois normalmente não fazem parte do seu dia a dia: a busca das ovelhas perdidas, a liberação do rebanho, a defesa e proteção das ovelhas mais fracas e a reunião das ovelhas dispersas. Normalmente, o rebanho se mantém unido, na proximidade do pastor. Situações em que alguma ovelha fica presa e necessita ser libertada ou precisa de alguma ajuda particular são exceções, não fazendo parte da cotidianidade do pastoreio.

Aqui aparece um traço característico do Deus bíblico. O deus egípcio também reúne suas ovelhas – "Da sumidade de sua altura ele as atinge em qualquer lugar: os seus raios são 'mãos'" (Bosetti, 1986b, p. 36) –, mas a diferença está na forma como a ação de reunir é executada: enquanto o deus egípcio a realiza a distância, o Deus bíblico vem em busca de seu povo e se aproxima dele. Essa compreensão se fundamenta na própria história de Israel, cujo povo, em determinados momentos, efetivamente se dispersou ou foi dispersado. O povo experimenta a dispersão ao ser exilado para o Egito e para a Babilônia, de onde regressa um pequeno grupo, sem que o conjunto, como um todo, volte a se reunir. É nessas situações críticas do exílio que esse povo faz uma experiência única de Deus: a de sua proximidade. É a experiência de um Deus que desce e se torna tão próximo a ponto de ouvir o clamor de seu povo: "Eu vi, eu vi a miséria do meu povo que está no Egito. Ouvi o seu clamor por causa dos seus opressores; pois eu conheço as suas angústias. Por isso desci a fim de libertá-lo da mão dos egípcios" (Ex 3,7). O pastor de Israel, portanto, aproxima-se, envolve-se pessoalmente, procurando, reunindo e libertando.

Para referir-se à ação de libertar, muitas vezes, os textos bíblicos usam a expressão *tirar de*. O texto de Exôdo (Ex 3,8) afirma que Deus desceu a fim de tirar seu povo do Egito; o profeta Ezequiel (Ez 34,10) diz que Deus mostra seu descontentamento diante dos pastores e afirma que vai tirar deles suas ovelhas.

Ir em busca da ovelha perdida torna-se um programa de vida do pastor divino: "Buscarei a ovelha que estiver perdida, reconduzirei a que estiver desgarrada, pensarei a que estiver fraturada e restaurarei a que estiver abatida" (Ez 34,16). Na boca do salmista, a experiência dessa atitude do pastor se transforma em prece: "Eu me desvio como ovelha perdida; vem procurar o teu servo" (Sl 119,176). Essa busca é persistente e só se concluirá no momento em que a ovelha for encontrada (Ez 34,11-13).

Durante o exílio na Babilônia, nasce com força a esperança messiânica da reunificação de Israel. A situação é desoladora: Judá está em ruínas; os últimos reis foram ineficientes, o exército foi derrotado, e o povo, deportado para a Babilônia. Humanamente, parece não haver espaço para a esperança. Diante dessa devastação, a promessa divina: "Eu mesmo reunirei o resto de minhas ovelhas de todas as terras" (Jr 23,3). Isaías, por sua vez, consola seu povo anunciando a boa notícia de que o tempo de escravidão chegou ao fim. O povo será libertado de forma ainda mais maravilhosa do que ocorreu na libertação do Egito (Is 40,11).

O pastor que exerce sua ação libertadora, fazendo seu rebanho sair de uma situação de escravidão, é também o pastor que faz subir – alusão ao retorno do povo à cidade santa de Jerusalém, que está situada no alto – e faz entrar – alusão ao retorno do povo à sua terra. Podemos, portanto, dizer que Iahweh é o Bom Pastor, que reconduz os dispersos à sua casa e os faz retornar à vida, garantindo-lhes tranquilidade e segurança: "Ele o guardará como pastor a seu rebanho" (Jr 31,10). Até mesmo no deserto, as ovelhas poderão sentir-se seguras, simplesmente porque o pastor divino vela por elas: "Concluirei com eles uma aliança de paz e extirparei da terra as feras, de modo que habitem no deserto em segurança e durmam nos seus bosques" (Ez 34,25).

O tema da segurança garantida pela presença do pastor é expresso de forma poética no livro de Salmos. Depois de ter libertado seu povo como um rebanho, Iahweh "Guiou-os com segurança e não temeram" (Sl 78,53). Assim, Deus age para garantir a segurança do seu rebanho.

2.1.4 Pastor que se alia

Segundo Bosetti (1986b), é na aliança que a figura do pastor chega ao seu ápice, pois este é o espaço da pura gratuidade, da ternura, da amizade e da paciência incondicionada. A Bíblia revela um Deus apaixonado, que conhece cada uma de suas ovelhas pelo nome e chega ao extremo de dar sua vida por elas (Ez 34,27; Zc 13,7; Jo 10,11-16).

O Salmo 23 celebra essa presença do pastor divino, que, por si só, é motivo de tal segurança, que leva o salmista a proclamar que não temerá nenhum mal (Sl 23,4). Pela aliança, Deus e seu povo sentem-se fortemente unidos, a ponto de se falar de uma mútua pertença: "Sim, é ele o nosso Deus e nós o povo do seu pasto, o rebanho de sua mão" (Sl 95,7). De forma análoga, expressa-se o salmista no Salmo 100: "Sabei que só Iahweh é Deus, ele nos fez e a ele pertencemos, somos seu povo, o rebanho do seu pasto" (Sl 100,3). Esse sentido de mútua pertença é expresso em diversos textos do Antigo Testamento (Ez 34,30-31; Zc 13,9).

Enfim, o tema da aliança, expresso em linguagem pastoril, aparece também em dois textos messiânicos: Is 11,6-9 e Is 65,25. A esperança de uma nova era na história de Israel, como fruto da ação de Deus-pastor, faz brotar a utopia de uma convivência de paz que não se limita à convivência humana, alcançando uma dimensão cósmica.

2.2 O título de pastor atribuído às lideranças no Antigo Testamento

Sobre a atribuição do encargo de pastor a alguns personagens do Antigo Testamento, a primeira constatação a ser feita é que, em Israel, nunca foi atribuído ao soberano o título de *pastor*, nem mesmo a Davi, que era considerado o modelo ideal de rei. Por outro lado, em muitos casos, o título era atribuído a chefes políticos, religiosos e militares.

O Salmo 77 canta a grandeza de Deus, que mostrou sua força às nações ao fazer seu povo trilhar o caminho para a liberdade abrindo espaço por entre as águas. Como podemos perceber, trata-se de uma clara alusão ao Êxodo. Embora caminhasse com seu povo, as pegadas de Deus não deixaram marcas; ninguém viu seu rastro, e o motivo é expresso no último versículo: "Guiaste teu povo como um rebanho, pela mão de Moisés e de Aarão" (Sl 77,21). Para conduzir seu povo, nesse caso, Deus se serviu de pastores humanos.

Essa visão positiva do pastoreio humano, porém, não é comum no Antigo Testamento. Pelo contrário, o que encontramos de forma mais frequente é a insatisfação de Deus diante dos maus pastores. Um caso típico é o presente em Ezequiel. O Capítulo 34 desse livro apresenta justamente uma contraposição entre a ação de Deus e o comportamento dos falsos pastores. Ao passo que Deus é apresentado como o pastor que apascenta – cuida, procura, traz de volta, reconduz, restaura e provê (Ez 34,14-16) as ovelhas –, aqueles apascentam a si mesmos. As ações desses falsos pastores aparecem em pleno contraste com as ações de Deus: não restauram o vigor das ovelhas abatidas, não curam aquela que está doente, não tratam daquela que está ferida, não reconduzem a desgarrada e não buscam a que está perdida, além de exercerem sobre elas um domínio violento (Ez 34,4). Eles se aproveitam do rebanho, isto é, tomam do seu leite, vestem sua lã e sacrificam as ovelhas mais gordas (Ez 34,3), e as abandonam à sua própria sorte em meio aos animais predadores do campo. Como mencionamos anteriormente, esses pastores, na verdade, em vez de apascentar as ovelhas, apascentam a si mesmos (Ez 34,8). Diante disso, Deus toma uma decisão radical: "Livrarei minhas ovelhas de sua boca e não continuarão a servir-lhes de presa" (Ez 34,10)[8].

A analogia dos maus pastores, que não cuidavam adequadamente de suas ovelhas, foi usada para falar de uma situação concreta em que se encontrava o povo de Israel: o novo exílio, desta vez na Babilônia, caracterizava um novo momento de dispersão do povo. Essa situação, na leitura do profeta Jeremias, seria consequência da ação irresponsável dos falsos pastores (Jr 23,2), os quais mereciam a reprovação de Iahweh: "Vós dispersastes as minhas ovelhas, as expulsastes e não cuidastes delas" (vers. 2).

Nesse contexto, elevou-se a voz do profeta que anunciava a decisão de Deus de afastar os falsos pastores e ocupar-se, pessoalmente, de seu rebanho: Ele mesmo iria reunir o resto das suas ovelhas e estabelecer bons pastores para apascentá-las. A consequência disso é que elas não teriam medo nem pavor e não se perderiam mais (Jr 23,3-4).

É justamente no contexto em que a monarquia de Israel estava definitivamente ameaçada por conta da destruição de Jerusalém e do exílio na Babilônia que aparece a figura do Messias pastor (Ez 34,23-24). Na expressão do profeta Jeremias, Deus afirma que suscitará de Davi um germe justo, um rei que agirá com inteligência e exercerá sobre a terra o direito e a justiça (Jr 23,5).

---

8 O profeta Zacarias apresenta uma descrição dos maus pastores muito semelhante à oferecida por Ezequiel: "não procurará a desgarrada, não tratará aquela que está ferida, não sustentará aquela que está de pé; antes, devorará a carne dos animais gordos e arrancará os seus cascos" (Zc 11,16).

2.3 Jesus, o Bom Pastor

A expressão *Bom Pastor* imediatamente nos remete à parábola que encontramos em João (10,1-16). Vamos fazer dela o ponto de partida de nossa reflexão.

2.3.1 A parábola do Bom Pastor

O cenário descrito no início da parábola é muito familiar no ambiente da Palestina, onde Jesus desenvolveu seu ministério. À tardinha, os pastores conduziam seu rebanho a um recinto comum, onde suas ovelhas pudessem passar a noite protegidas tanto da agressão de animais predadores quanto de assaltantes e ladrões. Ao amanhecer, conforme o costume, o pastor entrava no recinto e chamava suas ovelhas. Elas, reconhecendo sua voz, seguiam-no. Ele, então, caminhava à sua frente e as conduzia em busca de alimento[9].

Nesse contexto, temos uma primeira compreensão da afirmação: "Quem não entra pela porta do redil das ovelhas, mas sobe por outro lugar, é ladrão ou assaltante" (Jo 10,1). Os pastores dos rebanhos que usavam o mesmo abrigo eram conhecidos do porteiro e, portanto, ele lhes abria a porta assim que precisassem. Porém, enquanto os pastores entravam pela porta, os ladrões entravam pelos fundos, justamente para não serem vistos pelo vigia.

No Evangelho de João, o contexto da parábola do Bom Pastor é dado pelo episódio da cura do cego de nascença (Jo 9). Ao dizer-se curado por Jesus e professar sua fé nele, o homem foi expulso da sinagoga. Com

---

9 Segundo Jeremias (1987), o rebanho médio variava entre 20 e 200 cabeças de gado miúdo.

base nisso, João trabalha o paradoxo: ao ser expulso por ser considerado um traidor, aparentemente o homem estaria condenado a ficar fora do rebanho de Deus. O que acontece, no entanto, é justamente o contrário: tendo sido curado da cegueira e iluminado pela luz da fé, o homem encontrou o Bom Pastor. Pela sua profissão de fé, deixou o aprisco judaico e entrou no rebanho de Cristo, onde encontrou a verdadeira porta que conduz à salvação.

Esse contexto nos introduz, então, ao primeiro tema da parábola. Se, em outros momentos, Jesus se apresenta como a água viva (Jo 4, 10-42), a luz do mundo (Jo 8,12; 9,5), a ressurreição e a vida (Jo 11,25) ou o caminho, a verdade e a vida (Jo 14,6), aqui Ele se apresenta como a porta. A alegoria abre para duas conotações que se entrelaçam. De um lado, líderes religiosos que pretendem conduzir o rebanho sem passar pela porta, isto é, sem reconhecer em Jesus o Bom Pastor, não merecem confiança e devem ser tratados como ladrões e assaltantes. Em outras palavras, os que pretendem pastorear o rebanho de Deus sem passar pela porta do redil não são pastores autênticos, mas ladrões e assaltantes. Para ser pastor, é preciso, antes, professar a fé em Jesus, Filho de Deus, e ser iluminado por Ele: "Eu sou o Caminho, a Verdade e a Vida. Ninguém vai ao Pai a não ser por mim" (Jo 14,6)[10].

A mensagem, importante para todos os cristãos, tem uma relevância particular para os que exercem funções de liderança nas comunidades cristãs. Para que o ministério pastoral seja exercido de forma adequada e eficaz, é preciso estar em comunhão com aquele que é a Vida. Em outras palavras, com base na metáfora que estamos analisando, podemos dizer que a verdadeira pastoral é aquela que conduz à pessoa de Cristo, em que cada um encontra a vida em plenitude (Jo 10,10).

---

10 Na Bíblia, em certas situações, a porta indica a cidade santa, ou o templo de Jerusalém (Sl 87,1; Sl 122,2). Com base nessa compreensão, ao apresentar-se como a porta do redil, Jesus está se apresentando como a casa de Deus, isto é, o novo templo onde o homem vive sua comunhão com Deus e encontra vida e salvação (Jo 2,19; Jo 4,24).

Além de apresentar-se como a porta, Jesus se apresenta como o Bom Pastor[11]. No primeiro momento, o texto mostra a contraposição entre o pastor e os ladrões e assaltantes (Jo 10,2-5). Após isso, a contraposição é entre o Bom Pastor e o mercenário: ao passo que este, diante de qualquer ameaça, foge, abandonando o rebanho à própria sorte, o pastor dá a vida pelas ovelhas. Em seguida, a parábola evidencia os elementos essenciais na relação do pastor com suas ovelhas; há uma profunda comunhão, baseada em mútuo conhecimento pessoal. Tomando para si o título de pastor, Jesus diz conhecer suas ovelhas e ser conhecido delas. Esse conhecimento é análogo ao do Pai e do Filho: "Eu sou o bom pastor; conheço as minhas ovelhas e as minhas ovelhas me conhecem, como o Pai me conhece e eu conheço o Pai" (Jo 10,14-15).

Na linguagem bíblica, conhecimento tem um sentido bem mais amplo do que a compreensão redutiva que nos é familiar e que se limita à esfera intelectual. Como observa Panimolle (1986), conhecimento indica encontro, experiência pessoal que une e cria comunhão de vida, como acontece na relação esponsal (Os 5,3; Am 3,2). Deus conheceu e amou seu povo com tal predileção (Dt 7,7-8; Os 11,1) que seu amor é mais forte que o do pai pelo filho (Jr 31,20; Os 11,8-9), mais terno que o afeto da mãe (Is 49,15) e mais doce que o amor de um homem por uma mulher (Is 54,4-8).

A relevância desse mútuo conhecimento se expressa em diversos âmbitos, ao mesmo tempo, diferentes e complementares. O primeiro é a importância dessa relação de conhecimento entre o discípulo e Jesus. Essa dimensão foi explicitada pelo Papa Bento XVI (2005, n. 1) ao afirmar que "Ao início do ser cristão, não há uma decisão ética ou uma

---

11 Diversos autores propõem variações à expressão *bom pastor*. Panimolle (1986, p. 67) propõe "pastor perfeito"; outros propõem "verdadeiro pastor" em vez de *bom pastor* (Barbaglio; Fabris; Maggioni, 1978, p. 1523), com base na palavra original grega *kalós*. Jesus é aquele que reúne em si todas as qualidades do pastor: conhece e é conhecido pelas suas ovelhas (vers. 14) e dá a vida por elas (vers. 11). Esse amor não conhece confins: judeus e pagãos, sem distinção. Todos os homens são chamados a formar um só rebanho sob a condução de um único pastor (vers. 16-17).

grande ideia, mas o encontro com um acontecimento, com uma Pessoa que dá à vida um novo horizonte e, desta forma, o rumo decisivo"[12]. Em outras palavras, poderíamos dizer que, no início da vida cristã, está sempre uma experiência espiritual que, por seu fascínio, coloca Deus no centro da vida, como um tesouro que aparece como valor supremo (Mt 13,44). O segundo surge em decorrência do primeiro: se o encontro pessoal com Deus é assim tão determinante, a ação pastoral deve ter como objetivo central conduzir as pessoas ao encontro com Cristo, o Bom Pastor[13]. Em terceiro lugar, Jesus é o Bom Pastor, ou o pastor perfeito; é o modelo no qual cada pastor precisa se inspirar. Em decorrência disso, podemos dizer que são próprios da autoridade pastoral o interesse, o conhecimento e o amor pelas pessoas que lhe são confiadas (Panimolle, 1986).

Antes de confiar o ministério pastoral a Pedro, Jesus o interrogou repetidamente sobre seu amor por Ele: "Pedro, tu me amas?" (Jo 21, 15-17). O texto mostra claramente que o amor a Jesus Cristo é condição essencial para o exercício do ministério pastoral. Só quem o ama profundamente pode conduzir seus irmãos, e a razão disso está no fato de que o rebanho que é chamado a conduzir não é seu, mas do Bom Pastor. Por isso, Jesus disse a Pedro: "Apascenta as minhas ovelhas" (Jo 21,16). O rebanho que lhe foi confiado não é de Pedro, mas de Cristo, e para estar à altura de guiá-lo, Pedro – bem como cada discípulo que recebe um ministério pastoral – precisava ter uma relação de amor com o Senhor do rebanho.

---

12 A expressão foi retomada pelo Papa Francisco (2013, n. 7).

13 Essa compreensão levou João Paulo II (1999b) a fazer do **encontro com Jesus Cristo vivo** o fio condutor da exortação pastoral *Ecclesia in America*.

2.3.2 A parábola da ovelha perdida

Uma análise da parábola da ovelha perdida, nas versões de Lucas (Lc 15,4-7) e Mateus (Mt 18,12-14), leva-nos a perceber, de um lado, seu significado e, do outro, a utilização que cada um dos evangelistas faz dela. Vamos iniciar com a narrativa de Lucas.

O contexto é dado pela cena dos escribas e fariseus, que murmuram contra Jesus por causa de sua atitude acolhedora para com os publicanos e pecadores[14]: "Esse homem recebe os pecadores e come com eles" (Lc 15,2). Os escribas e os fariseus consideravam-se justos, pois observavam rigorosamente as leis religiosas do tempo[15], o que, na compreensão deles, os tornava justos e, por consequência, lhes oferecia todas as credenciais para se colocarem diante de Deus e lhe prestarem culto. Nesse modo de pensar, a salvação apenas era alcançada com as próprias forças, por meio de uma irrepreensível observância da lei[16]. Sendo justos, queriam manter uma clara separação dos pecadores, para não correrem o risco de se solidarizar e se contaminar pelo seu estado de impureza.

Com base nisso, podemos compreender como o comportamento de Jesus causava escândalo entre os escribas e os fariseus. No entender deles, uma tal aproximação dos pecadores era suficiente para desqualificar

---

14 Segundo Jeremias (1987), por pecadores entende-se aqui as pessoas que levavam uma vida imoral – adúlteros e falsificadores – ou que exerciam profissão desonrosa, isto é, que conduzia notoriamente à desonestidade ou à imoralidade – cobradores de impostos, pastores, tropeiros, vendedores ambulantes. A estes negavam-se direitos civis como assumir cargos públicos e testemunhar em tribunais. Uma pessoa que se senta à mesa com essa gente, na concepção dos escribas e dos fariseus, provoca escândalo.

15 Caso houvesse alguma falha na observância das normas, buscaria-se compensá-la por meio de jejuns, obras de misericórdia e maior empenho no estudo da lei (Barbaglio; Fabris; Maggioni, 1978). Note como se trata de uma justiça toda fundamentada na rigorosa observância da lei.

16 Podemos ver como a visão dos fariseus é muito diferente da ótica cristã. No cristianismo, a salvação não é uma conquista, algo que alcançamos com nossas forças. Ela é um dom que recebemos gratuitamente de Deus. Diante desse dom, somos chamados a viver uma vida nova. Se não fosse assim, não precisaríamos de um salvador, pois quem pensa conquistar a salvação com as próprias forças, na verdade, se sente salvador de si mesmo. É por isso que os fariseus e os escribas não acolheram Jesus: eles já se consideravam salvos por sua irrepreensível observância da lei.

qualquer pessoa que quisesse se apresentar como religiosa. Quem se comportava assim era ímpio e, por isso, não poderia ser seguido.

As três parábolas do Capítulo 15 de Lucas têm caráter apologético. Jesus justifica seu comportamento fundamentando-se no amor do Pai. É como se dissesse que age assim porque esse modo de agir corresponde integralmente à vontade d'Aquele que o enviou (Jeremias, 1987). Jesus anuncia a salvação de Deus, que é oferecida aos pecadores não porque já se converteram, se tornaram justos e, portanto, podem arrogar o direito de apresentar-se diante de Deus, mas simplesmente porque Ele se solidariza com os que estão fora, os que se perderam. São eles que mais necessitam do amor misericordioso de Deus.

A imagem do pastor que abandona as 99 ovelhas no deserto e vai em busca da que se perdeu (Lc 15,4-7), familiar aos interlocutores de Jesus, ilustra a disposição misericordiosa de Deus, que não fica numa atitude passiva de quem espera que ela volte para casa com suas próprias forças. Pelo contrário, toma a iniciativa e parte em busca da que está perdida (Ez 34,11). O motivo dessa atitude é simples: ele quer a vida e a salvação de suas ovelhas. Ao encontrá-la, coloca-a sobre os ombros, leva-a para casa e convoca os amigos e os vizinhos para compartilhar de sua alegria por ter encontrado a ovelha perdida (Lc 15,5). A parábola se conclui com o solene anúncio: "Eu vos digo que [...] haverá mais alegria no céu por um só pecador que se arrependa, do que por noventa e nove justos que não precisam de arrependimento" (Lc 15,7).

Um olhar superficial sobre essa parábola certamente nos impediria de perceber toda a sua pertinência e profundidade. Tanto a atitude de deixar as 99 ovelhas para ir em busca da que se perdeu quanto a alegria por encontrá-la poderiam nos parecer desmedidas. Contudo, se pensarmos melhor, assim o é porque, na verdade, estamos muito longe de compreender o coração de Deus. O profeta Isaías vem ao nosso encontro ao comparar o amor de Deus ao de mãe (Is 49,15). Um filho desaparecido causa um vazio e uma dor incalculáveis ao coração de uma mãe, de tal modo que os filhos que estão com ela não conseguem, de forma alguma, supri-lo. O filho desaparecido é insubstituível, e a vida da mãe nunca mais será a mesma até ela encontrá-lo. Encontrando-o, podemos imaginar sua alegria, que certamente desabrocharia no desejo de fazer uma grande festa. Com essa parábola, Jesus está nos dizendo que Deus é assim. A perda de um filho mexe profundamente com suas entranhas e, por isso, Ele é incapaz de permanecer passivo enquanto aguarda seu retorno. Então, vai à sua procura e é grande sua alegria ao encontrá-lo.

Podemos notar o quanto esses elementos são importantes para nossa reflexão teológico-pastoral. Justamente por receber a missão de pastorear um rebanho que não é seu, é em Deus que a Igreja precisa buscar inspiração para seu projeto e sua ação pastoral. Com base nesses elementos, podemos entender também o quanto são pertinentes as palavras do Papa Francisco (EG, n. 20), ao propor, em 2013, uma Igreja em saída, a fim de "alcançar todas as periferias que precisam da luz do Evangelho".

A parábola da ovelha perdida pode ainda ser encontrada no Evangelho de Mateus, com uma conotação, ao mesmo tempo, diferente e complementar. Nimtz (2004) nota que o fato de a parábola da ovelha desgarrada (Mt 18,12-14) ser seguida pela reflexão sobre a correção fraterna (Mt 18,15-18), pelo perdão das ofensas de modo ilimitado – "setenta vezes sete" (Mt 18,21-22) – e pelo episódio do devedor implacável que é perdoado de suas dívidas, mas é punido justamente por não perdoar aos seus devedores (Mt 18,23-35), indica a perspectiva que é própria de Mateus. Ao passo que, em Lucas, a parábola é dirigida aos adversários, que se escandalizam pelo comportamento de Jesus, em Mateus, ela é dirigida à própria comunidade cristã. Isso faz com que a parábola, que se conclui com a frase "não é da vontade de vosso Pai, que está nos céus, que um desses pequeninos se perca" (Mt 18,14)[17], receba

---

17 Nimtz (2004) nota que *pequenino* não está semanticamente ligado a *criança*, mas a tornar-se criança pela simplicidade ou pela desproteção causada por uma desventura.

um novo enfoque pastoral catequético. O evangelista quer chamar a atenção da comunidade cristã para seu dever em relação aos mais fracos, que se desviaram do caminho reto (Nimtz, 2004).

Em Lucas, a conduta do pastor está diretamente relacionada à pessoa de Jesus, e, em Mateus, à comunidade eclesial. É ela quem deve ir em busca da ovelha perdida. Assim, podemos estabelecer um paralelo entre os dois Evangelhos. Em Lucas, é acentuada a perspectiva cristológica, e, em Mateus, a perspectiva eclesiológica; agora, é a comunidade eclesial que deve sintonizar-se com o querer de Deus. Evidencia-se, em Lucas, a alegria pelo encontro da ovelha perdida, e, em Mateus, o tema da busca. A boa notícia da misericórdia do Pai encarnada em Jesus, que acolhe os pecadores, cede lugar para um projeto pastoral para a Igreja (Nimtz, 2004). A advertência do seguinte versículo: "Não desprezeis nenhum desses pequeninos" (Mt 18,10), que precede a parábola da ovelha desgarrada e as orientações sobre como tratar o irmão que peca, fortalece a mensagem teológica da parábola em Mateus: a Igreja é chamada a ir ao encontro do irmão decaído, da mesma forma que o pastor vai em busca da ovelha que se perdeu. A verdadeira caridade consiste em ir ao encontro daquele que, por algum motivo, está fora da comunidade. O acento da parábola desloca-se da alegria do encontro para a urgência da busca.

2.4 Jesus, o pastor da misericórdia

Na seção anterior, vimos como Jesus se serve de parábolas para se apresentar como Bom Pastor e também para justificar suas atitudes de acolhida dos pecadores diante das críticas feitas pelas lideranças religiosas do seu tempo. Agora, vamos passar das palavras para a ação, isto é, das parábolas para a prática pastoral de Jesus. A pergunta que guiará nossa reflexão é: De que modo Jesus se revela como o Bom Pastor nas situações concretas da missão?

2.4.1 Jesus em sua relação com os pecadores

Nos três Evangelhos sinóticos, a vida pública de Jesus é precedida por seu batismo (Mt 3,13-17; Mc 1,9-11; Lc 3,21-22). Marcos e Lucas são extremamente concisos, dedicando apenas dois versículos para a narrativa. Mateus, porém, delonga-se um pouco mais. O primeiro fato narrado é a surpresa de Batista ao ver Jesus se aproximar dele para ser batizado. Sua surpresa tem toda razão de ser, afinal, quem buscava o batismo eram os pecadores, que o faziam para a remissão de seus pecados. No instante do batismo, Jesus recebe o Espírito de Deus e o Pai o apresenta: "Este é o meu filho amado, em quem me comprazo" (Mt 3,17). Perceba a importância desse momento, seja pela sua dimensão trinitária, seja pela apresentação que o Pai faz do Filho. Jesus recebe o Espírito Santo e é apresentado pelo Pai como o Filho amado, justamente quando está com os pecadores que buscaram Batista para serem batizados. Da mesma forma como Deus foi em busca de Adão onde ele estava, no momento em que se sentia tão indigno a ponto de se esconder de Deus (Gn 3,8-10), Jesus vai encontrar os pecadores onde eles estão. Afinal, ao apresentar sua missão, diz: "Eu não vim chamar justos, mas pecadores" (Mc 2,17).

Jesus se revela como o Bom Pastor, que vai em busca da ovelha perdida na ocasião em que vai ao encontro dos pecadores, oferecendo-se para encontrá-los em sua casa (Lc 19,1-10) ou recebendo-os em momentos que pareceriam menos oportunos[18]. Ele justifica sua atitude dizen-

---

18 É o caso da mulher conhecida na cidade como *pecadora*, que decidiu demonstrar sua gratidão a Jesus justamente no momento em que Ele estava à mesa na casa de um fariseu (Lc 7,36-43).

do que "Não são os que têm saúde que precisam do médico, mas sim os doentes" (Mt 9,12). Mateus, demonstrando uma sensibilidade toda especial pela atividade pastoral da Igreja, associa a essas palavras de Jesus a seguinte expressão: "**Misericórdia é que eu quero, e não sacrifício**" (Mt 9,13, grifo do original). A intenção do evangelista parece muito clara: a prática de Jesus é paradigmática. Sua atitude para com a ovelha perdida, que nesse caso é o pecador, é a mesma que a Igreja precisa ter no pastoreio do rebanho de Deus. Não são os sacrifícios que agradam a Deus, mas o amor misericordioso que se manifesta diante de qualquer situação que ameaça ou minimiza a vida humana[19].

No ministério de Jesus, os gestos se associam às palavras, e o ato de sair em busca da ovelha perdida se entrelaça com a acolhida, quando é ela mesma que vem em busca do seu pastor. Em resposta às críticas das lideranças religiosas por sentar-se à mesa com os pecadores, Jesus conta a parábola de um homem que ofereceu um grande banquete e convidou a muitos (Lc 14,15-24). Os convidados, por motivos diversos, recusaram-se a participar. O dono da festa ordenou, então, aos seus servos que chamassem aqueles que nunca seriam convidados por ninguém: pobres, estropiados, cegos e coxos. Mais tarde, o convite foi estendido aos forasteiros, aqueles que viviam fora da cidade. A parábola é surpreendente, visto que foge completamente dos parâmetros culturais do tempo. O normal era que se convidassem apenas as pessoas próximas. A radicalidade dos gestos e das palavras de Jesus mostra sua intenção de deixar clara a novidade do Reino. No banquete em que Deus é o dono da festa, não há nenhuma restrição: todos estão convidados e são bem recebidos. O recinto está sempre de porta aberta para acolher a ovelha

---

19 Tanto na pregação quanto na reflexão teológica, a misericórdia de Deus é demasiadamente associada ao pecado, como se a única manifestação da misericórdia fosse o perdão. É preciso ampliar o conceito, pois o amor misericordioso de Deus se revela em todas as situações de sofrimento dos seus filhos. Para uma compreensão mais ampla do conceito de misericórdia, consulte Balsan (2016, p. 15-40).

que retorna, independentemente se ela estava com o rebanho ou se se perdera, se está saudável, doente ou ferida, entre outras situações.

Cancian (2006, p. 89) fala da relação complexa que se estabelece entre Jesus e os pecadores: Jesus é acusado de ser amigo dos pecadores e de demonstrar por eles simpatia e afeto. De sua parte, recebe tudo isso em troca: "Com efeito, entre Jesus e os pecadores estabeleceu-se um misterioso *feeling*, espécie de atração recíproca que fazia com que ele buscasse os pecadores e estes a ele". O pecador, que, no dia a dia, respira a negatividade de sua culpa, sente-se fascinado pela acolhida que encontra em Jesus. Com sua amizade, pouco a pouco os liberta da humilhação e da marginalização, criando o espaço de que precisam para que o sentido de sua própria dignidade possa renascer.

O Evangelho apresenta uma série de exemplos de pessoas que, sentindo-se acolhidas por Jesus, decidiram mudar de vida[20]. Pagola (2012) afirma que é justamente a acolhida que encontram em Jesus que lhes dá forças para assumir uma nova postura e um novo projeto de vida. Jesus as acolhe sem interpor qualquer condição e, ao mesmo tempo, sem ter nenhuma certeza de que elas mudarão de conduta. Sua acolhida é simplesmente expressão do amor misericordioso que apreendeu na sua intimidade com o Pai.

Creio que, com base nessa reflexão, ficou mais clara para você a passagem em que Jesus se apresenta como a porta das ovelhas (Jo 10,7). Como pode perceber, na atitude acolhedora de Jesus, essas pessoas encontraram a porta que as conduz à vida em plenitude, que é o dom por excelência do Bom Pastor (Jo 10,10).

---

20 Este é, por exemplo, o caso de Zaqueu. Seu propósito de conversão fica explícito em suas palavras: "Senhor, eis que dou a metade de meus bens aos pobres, e se defraudei a alguém, restituo-lhe o quádruplo" (Lc 19,9). O endemoniado de Gerasa expressa seu desejo de juntar-se ao grupo itinerante de discípulos; Jesus então lhe diz de voltar para os seus e anunciar a eles "tudo o que fez por ti o Senhor na sua misericórdia" (Mc 5,20). A mulher samaritana passa a anunciar Jesus com tanto entusiasmo que, ouvindo-a, muitos creram n'Ele (Jo 4).

2.4.2 Jesus em sua relação com os marginalizados

Nas suas andanças pelos caminhos da Palestina, Jesus se confrontou com um número não indiferente de indigentes, condenados a viver à margem da sociedade. Além de carecer de tudo e viver na miséria, eles eram expostos a uma situação de vergonha. Eram pessoas que, por frustrações de colheitas e pelos altos impostos do Império Romano, haviam se endividado e, consequentemente, perdido suas terras, passando a viver na indigência; pessoas com doenças contagiosas, que eram obrigadas a viver à margem da sociedade para não contaminar os demais; mulheres que, muitas vezes, por motivos fúteis, eram recusadas por seus maridos e expostas à rua, sem poder contar com a proteção de ninguém; ou ainda pessoas que, desde o início de sua vida, traziam necessidades especiais: cegos, coxos, aleijados etc., que viviam às margens das estradas pedindo esmolas. Esses são alguns exemplos de pessoas indesejáveis, desprezadas por todos. Se desaparecessem, ninguém se daria conta (Pagola, 2012). No desespero, recorriam a qualquer coisa que lhes pudesse garantir a sobrevivência, e os principais meios eram a mendicância e a prostituição.

A desonra e a indignidade eram reforçadas pela concepção de pureza que predominava nos ambientes judaicos mais ortodoxos. Um breve aceno à história nos ajuda a entender melhor as raízes de uma postura religiosa extremista e discriminante. Com a expansão do Império Grego, comandado por Alexandre Magno (356 a.C.-323 a.C.), também a cultura grega foi se expandindo nos mais diversos ambientes, encontrando simpatia em muitos deles. O pequeno povo de Israel percebeu nessa invasão cultural que sua sobrevivência estava ameaçada e dependeria de sua capacidade de manter intactos os elementos fundamentais de sua identidade: sua fé no único Deus, que tinha como ponto de referência principal o templo; a fidelidade à Lei; e a preservação da etnia. De alguma forma, era preciso blindá-los e, em virtude disso, tomaram-se alguns procedimentos.

O templo, tido como o lugar santo por excelência – porque era habitado por Deus –, não podia ser frequentado por pagãos nem por qualquer grupo de pessoas consideradas impuras. O Santo dos Santos só podia ser visitado, uma vez ao ano, pelo sumo sacerdote[21]. No seu interior, não havia espaço nem para os pagãos nem para os impuros. Deus foi, assim, separado do mundo e dos homens e a santidade passou a ser entendida como sinônimo de pureza e separação. É santo o que não se contamina com o impuro. Em consequência, a condição para manter-se santo era a separação. Manter distância do que fosse considerado impuro era um princípio fundamental. Se isso valia para todos, alguns grupos assumiam essa postura com maior radicalismo, como os fariseus e, sobretudo, os essênios da comunidade de Qumran. Estes últimos chegaram ao ponto de abandonar a terra prometida para criar uma **comunidade santa** em pleno deserto, às margens do Mar Morto. No deserto, distante dos pagãos e das demais impurezas da sociedade e vestindo roupas brancas, consideravam-se **santos, filhos da luz**.

Outras medidas foram tomadas para preservar a santidade do Povo de Deus, como a fiel observância da lei. Para garantir isso, foi criada uma enorme quantidade de preceitos, o que levou Jesus a criticar os escribas e os fariseus por colocarem pesados fardos sobre os ombros das pessoas (Mt 23,4). Nessa mesma dinâmica, enfatizava-se o respeito pelo sábado, elemento fundamental da identidade de Israel. Além disso, insistia-se

---

21 Podemos notar como o lugar santo por excelência era o lugar separado por excelência. Deus se tornava distante. É por isso que podemos entender melhor o fato de que, no momento da morte de Jesus, o véu do templo rasgou-se de cima a baixo (Mt 27,51). Aqui podemos entender o quanto a postura de Jesus rompeu com os esquemas culturais do templo: Ele, sendo filho de Deus, vai ao encontro das realidades consideradas impuras; entre esses grupos, estavam também os pecadores. Na sua pessoa – ao mesmo tempo humana e divina –, foi destruída qualquer separação entre Deus e os homens. Na pessoa de Jesus, Deus armou sua tenda e habitou entre nós (Jo 1,14). O véu que se rasgou é símbolo de Deus, que, no seu Filho, assumiu a história dos homens e, tornando-se um deles, misturou-se com eles.

pelo pagamento de dízimos e primícias, e o cumprimento do **código de santidade** (Lv 19-26) tornou-se critério de distinção entre o puro e o impuro, entre o santo e o separado de Deus. Outra medida tomada com a finalidade de preservar a identidade étnica foi a proibição do matrimônio com mulheres estrangeiras (Pagola, 2012).

É importante ressaltar que a descrição dessa realidade tem a função de criar o cenário para que possamos compreender melhor o quanto foi inovadora a ação pastoral de Jesus. Afinal, nosso propósito é justamente compreender de que modo Ele concretiza, no anúncio da Boa-Nova do Reino, aquilo que quis nos dizer ao contar as parábolas do Bom Pastor e da ovelha perdida.

A mensagem de Jesus introduz mudanças radicais nas concepções do seu tempo. Para Ele, a santidade não está na separação, mas no amor misericordioso. Deus é santo não porque está separado – lembremos que o véu do templo se rasgou de cima a baixo (Mt 27,51) –, mas porque se manifesta cheio de compaixão para com todos, sem qualquer tipo de discriminação: "Ele faz nascer o sol igualmente sobre maus e bons e cair a chuva sobre justos e injustos" (Mt 5,45). O evangelista Lucas deixa claro que "a misericórdia é a perfeição da essência divina" (Kasper, 2015, p. 90).

Enquanto o código de santidade criava uma sociedade marcada pela separação e pela exclusão, o projeto de Deus, que se atualiza no Reino, inclui e integra. A salvação é para todos; afinal, ele é o Bom Pastor, que veio para que todos tenham vida (Jo 10,10). A compaixão determina o modo de ser de Deus e, consequentemente, o ministério pastoral de Jesus (Balsan, 2016). Ele não se separa dos que são tidos pela sociedade como impuros. Pelo contrário, movido à compaixão, vai ao seu encontro: toca os leprosos (Mc 1,40-45), deixa-se tocar pela hemorroíssa (Mc 5,25-34), permite que uma prostituta o beije (Lc 7,38) e liberta os que estão possuídos por espíritos impuros (Mc 5,1-20).

Observando o ministério pastoral de Jesus, podemos perceber um tríplice movimento:

1. Ele vai ao encontro da ovelha perdida. Esse é o movimento primeiro e principal, o que determinou o mistério da Encarnação – a sua vinda entre nós – e o estilo do seu ministério. Exemplos: "E foi por toda a Galileia, pregando em suas sinagogas e expulsando os demônios" (Mc 1,39); "Vamos a outros lugares, às aldeias da vizinhança, a fim de pregar também ali, pois foi para isso que eu saí" (Mc 1,38).

2. Ele acolhe os que o procuram. São inúmeros os casos de pessoas que o buscam. Exemplos: "Ao entardecer, quando o sol se pôs, trouxeram-lhe todos os que estavam enfermos e endemoninhados" (Mc 1,33); "Um leproso foi até ele, implorando-lhe de joelhos: 'Se queres, tens o poder de purificar-me'" (Mc 1,40); "E tantos foram os que se aglomeraram, que já não havia lugar nem à porta" (Mc 2,2).

3. Em certas situações, o gesto de acolher e a iniciativa de ir em busca se misturam. Este é, por exemplo, o caso de Zaqueu. Ele toma a iniciativa de ir em busca de Jesus, pois quer vê-lo. Percebendo isso, Jesus se oferece para ir a sua casa (Lc 19,1-10).

Essa atitude complexa de Jesus, que acolhe e busca, ajuda-nos a entender melhor as parábolas que Ele mesmo contou. De um lado, Jesus é a porta por onde as ovelhas entram; é n'Ele que encontram o caminho para a vida em plenitude. Ele é o pastor que não permite que a nenhuma ovelha seja impedida a entrada em seu recinto para poder contar com sua proteção e sua guia. Por outro lado, Ele é também o pastor que não se dá paz enquanto alguma ovelha ainda está fora do rebanho e, por isso, toma constantemente a iniciativa de ir a outros lugares para anunciar o Reino de Deus (Mc 1,38).

2.4.3 Jesus e o Reino de Deus

Na apresentação da vida pública de Jesus que encontramos nos Evangelhos, aparece a consciência clara dele com relação à sua missão. O Reino de Deus está no centro do seu discurso e de suas ações desde os primeiros momentos. No Evangelho segundo Marcos (Mc 1,15), as primeiras palavras de Jesus são: "Cumpriu-se o tempo e o Reino de Deus está próximo". Podemos encontrar fundamentalmente a mesma expressão no Evangelho de Mateus (Mt 4,17) e no de Lucas (Lc 4,16-20). Jesus versa continuamente sobre o Reino durante seu ministério e, após sua ressurreição, aparece aos discípulos novamente "falando-lhes do Reino de Deus" (At 1,3). O Reino é a causa à qual Jesus dedica seu tempo, suas energias e toda a sua existência; é o núcleo central de seu ministério – expresso nas suas palavras e obras –, sua convicção mais profunda, a paixão que anima e dá sentido à sua vida. Tudo o que diz e faz está em função do Reino de Deus e é por meio dele que tudo adquire sua unidade e seu verdadeiro sentido (Pagola, 2012). Para compreender o sentido que Jesus dá a suas ações e opções, à sua vida e até mesmo à sua morte, "é indispensável atentar para a relação viva existente entre Jesus e o Reino de Deus" (Rubio, 2014, p. 37). Este é o centro de toda a sua existência (Mc 1,15; Mt 4,23; Lc 4,43; 8,1).

Embora fale muito do Reino, em nenhum momento Jesus o define. É possível, porém, entender seu sentido observando-se a linguagem narrativa usada pelos evangelistas. Aos discípulos de João Batista que perguntaram se era ele quem devia vir ou se ainda era preciso esperar outra pessoa, Jesus diz: "Ide a contar a João o que estais ouvindo e vendo: os cegos recuperam a vista, os coxos andam, os leprosos são purificados e os surdos ouvem, os mortos ressuscitam e os pobres são evangelizados" (Mt 11,4). Do discurso das bem-aventuranças (Mt 5,3-12), compreende-se que, na nova realidade que se faz presente a partir da chegada do Reino de Deus, os famintos serão saciados e os que promovem a paz serão chamados Filhos de Deus. Em outras palavras, o sofrimento é afastado. O Reino de Deus se apresenta como a nova realidade, em que o mal e o sofrimento cedem seu espaço à justiça, à fraternidade e à paz.

É uma realidade na qual a harmonia com Deus gera relações dialógicas e fraternas "entre os seres humanos, um relacionamento responsável entre estes e o meio ambiente, bem como uma relação de cada ser humano consigo próprio vivida na verdade e na sinceridade" (Rubio, 2014, p. 37-38). A salvação que Deus oferece abarca a pessoa na sua totalidade e implica a libertação de tudo o que desumaniza, faz sofrer e, de alguma forma, impede uma vida digna e feliz (Pagola, 2012).

Os evangelistas recordam que Jesus, seguidamente, se despede de enfermos e pecadores com a expressão "Vai em paz" (Mc 5,34; Lc 7,50; Lc 8,48). É como se dissesse: "Vai e desfruta a vida!". *Shalon* em hebraico é aquilo que mais se opõe a uma vida indigna, infeliz, maltratada pela enfermidade ou pela pobreza; é a felicidade mais completa, caracterizada pela saúde integral, pelo bem-estar, pela convivência harmoniosa com as pessoas e por uma vida cheia da graça de Deus. Seguindo a tradição dos grandes profetas, Jesus entende o Reino de Deus como um reino de vida e de paz. Seu Deus é **amigo da vida** (Pagola, 2012).

2.5 A Igreja nascente e seus pastores

Tomaremos aqui como principal referência a Primeira Carta de Pedro (1Pe 5,1-5), que é uma exortação do apóstolo Pedro aos presbíteros (anciãos)[22]. O autor não coloca ao centro de sua reflexão o dever de apascentar, mas as atitudes que devem caracterizar a ação de quem tem a missão de presidir e animar a comunidade cristã. Pedro, em sua Carta, apresenta-se inicialmente como apóstolo (1Pe 1,1), em seguida, como presbítero (1Pe 5,1). Essa forma diferente de se apresentar mostra a "consciência de 'continuidade' entre o ministério do apóstolo e o ministério do presbítero" (Bosetti, 1986b, p. 97).

A exortação que Pedro dirige aos presbíteros é "apascentai". Esse é o mesmo verbo que Jesus usa ao dirigir-se a Pedro, depois da terceira afirmação sobre seu amor: "Apascenta as minhas ovelhas" (Jo 21,16).

Esse vocabulário, familiar ao mundo bíblico e judaico, traz à memória dos interlocutores os textos do Antigo Testamento, que apresentam Iahweh como pastor, bem como as figuras humanas que receberam a missão de pastorear o rebanho de Deus, mas evocam, sobretudo, a pessoa de Jesus, modelo e referência primeira para os que assumem posições de liderança nas comunidades cristãs.

A missão confiada aos presbíteros é: "apascentai o rebanho de Deus que vos foi confiado" (1Pe 5,2). O rebanho que o presbítero deve apascentar não é seu, mas de Deus, propriedade continuamente reafirmada em Jo 21,15.17 e At 20,28. Ele não cede a ninguém a propriedade de suas ovelhas, e isso tem consequências muito significativas para o ministério a ser desenvolvido, as quais vão se tornar explícitas nas três exortações do texto.

A primeira exortação é que cuidem do rebanho "não como por coação, mas de livre vontade, como Deus o quer" (1Pe 5,2). Pedro não diz nada sobre a fonte da coação: se se trataria ou não de algum tipo de imposição de outras pessoas, pertencentes à comunidade cristã ou de

---

22 Segundo Bosetti (1986b), a palavra *epíscopos* acentua a função, isto é, o papel de vigilância e de guarda dos dirigentes das comunidades cristãs, independentemente do fato de serem anciãos ou não. A palavra *presbyteros*, em vez disso, enfatiza a dignidade dos que eram colocados à frente do governo das comunidades. Ao dirigir suas exortações aos *presbyteros*, Pedro está se referindo às pessoas que recebem a missão de dirigir as comunidades cristãs.

fora dela. De qualquer modo, porém, o termo *coação* tem uma conotação negativa, ao indicar uma pressão que, de forma mais ou menos intensa, tira a liberdade do sujeito da ação. Ela pode provir de fora, sendo, nesse caso, pressão de uma pessoa ou de um grupo de pessoas. Porém, poderia também se tratar de uma coação moral cuja a fonte seria interna ao sujeito, provinda da própria consciência, que concebe o ministério como um dever a ser cumprido, embora o desejo fosse claramente libertar-se dele. A exortação de Pedro orienta justamente para a direção contrária. O ministério pastoral não deve ser assumido como um dever a ser suportado, mas voluntariamente, segundo Deus. É um convite aos presbíteros para que redescubram as motivações de fé que estão na origem do seu ministério e se deixem guiar por elas (Bosetti, 1986b). Em outras palavras, Pedro quer dizer que o serviço pastoral não deve ser vivido como um peso, algo a ser suportado. Pelo contrário, deve ser expressão da liberdade interior, assim como Deus exerce seu pastoreio não por coação, mas como expressão de seu amor misericordioso. O modelo, por excelência, é Jesus, ao dizer que ninguém tira sua vida, porque Ele a dá livremente (Jo 10,18).

A segunda exortação é que cuidem do rebanho "não por torpe ganância, mas com devoção" (1Pe 5,2). Se a coação não é uma motivação adequada para o ministério pastoral, a ganância também não o é. Os profetas já haviam denunciado os pastores que, em vez de apascentar as ovelhas, apascentavam a si mesmos. Isso significa que, em vez de trabalhar pelo bem-estar das ovelhas, trabalhavam em função de seus próprios interesses (Ez 34,8-10). Orientar a vida por motivações egoísticas, que colocam a si mesmo e seu próprio bem-estar como objetivo fundamental da vida, é uma tentação que constantemente bate às portas do coração humano. A forma positiva dessa realidade pode ser encontrada no discurso em que Paulo se despede dos presbíteros de Éfeso referindo-se à gratuidade com que desenvolveu seu ministério entre eles. O apóstolo faz questão de dizer que supriu suas necessidades e as de seus companheiros com seu próprio trabalho, inspirando-se nas palavras que diz serem de Jesus: "Há mais alegria em dar do que em receber" (At 20,35). Paulo poderia ter se servido dos costumes judaicos, segundo os quais a comunidade tinha o dever de manter quem se dedicava integralmente ao anúncio do Evangelho (1Cor 9,4-14), mas quis viver seu ministério na pura gratuidade.

Com base nesse contexto, podemos dizer que Pedro não tem a intenção de negar o direito dos presbíteros em serem sustentados pela comunidade, porém está preocupado em evitar excessos, que se expressariam na avidez do ganho ou em atitudes de vil interesse. O sentido dessa exortação fica claro quando a aproximamos de João (Jo 10,11-13), em que a atitude do Bom Pastor é apresentada em antítese à do mercenário. Esta palavra indica justamente a atitude de quem faz alguma coisa com o objetivo de obter uma recompensa. Em outros termos, mercenário é quem trabalha por dinheiro. Ao contrapor a postura do mercenário à do Bom Pastor, Pedro quer dizer que a motivação do ministério pastoral não é o ganho, mas o amor de Deus pelo seu rebanho.

A terceira exortação é: "Nem como senhores daqueles que vos couberam por sorte, mas, antes, como modelos do rebanho" (1Pe 5,3). Bosetti (1986b, p. 107) afirma que dela emergem duas implicações: a primeira é o perigo de domínio sobre a comunidade, e a segunda, o perigo de se tomarem decisões de modo autônomo, sem a participação da comunidade.

Encontramos em Marcos (Mc 10,42-45) e em Mateus (Mt 20,24-28) um episódio evangélico que ajuda a entender a preocupação de Pedro e o sentido que ele dá à sua exortação. Os textos apresentam algumas variações, mas ambos mostram a preocupação dos filhos de Zebedeu sobre o lugar que ocupariam naquele que, em sua compreensão, seria o futuro Reino de Jesus. Mais precisamente, o desejo deles era sentar-se um à sua direita e o outro à sua esquerda. Na verdade, eles queriam os primeiros lugares à mesa. Partindo da realidade, não fica difícil entender a lógica de pensamento dos dois discípulos. Afinal, quem apoia alguém que está para ocupar um cargo no alto escalão da sociedade logo pensa nos benefícios que pode ter com isso. É fato que, entre os discípulos, essa postura de João e Tiago causou uma grande contenda (Mc 10,41).

Percebendo essa situação, Jesus chama os discípulos para lhes ensinar um novo modo de ser e de pensar. Toma como ponto de partida aquilo que, por experiência, os discípulos já conhecem sobre o modo de proceder dos poderosos do mundo: "Sabeis que aqueles que vemos governar as nações as dominam, e os seus grandes as tiranizam" (Mc 10,42). Pelo pedido de João e Tiago, Jesus percebe que a lógica do poder exerce fascínio também entre seus discípulos e, por isso, se apressa a apresentar um modo completamente novo de ser e de pensar: "Entre vós não será assim: ao contrário, aquele que dentre vós quiser ser grande, seja o vosso servidor e aquele que quiser ser o primeiro dentre vós, seja o servo de todos" (Mc 10,43-44). O paradigma para essa nova compreensão é de que "o Filho do Homem não veio para ser servido, mas para servir e dar a sua vida em resgate por muitos" (Mc 10,45). No Evangelho de João, Jesus deixa sua mensagem na passagem do lava-pés. Trata-se de um gesto simbólico e, ao mesmo tempo, paradigmático: "Dei-vos o exemplo para que, como eu vos fiz, também vós o façais" (Jo 13,15).

Na segunda parte da exortação, os presbíteros são chamados a se tornarem modelos do rebanho. Bosetti (1986b) nota que Pedro não aponta de forma clara, em que os pastores devem ser modelos, mas afirma que a própria contraposição indica que se refira à relação de serviço e humildade. Se algo não deve ter espaço na comunidade cristã é a lógica do poder e do orgulho, e os primeiros a dar exemplo de novas relações interpessoais, baseadas na humildade e no serviço, são os que recebem o encargo de ser guias da comunidade.

Síntese

O Antigo Testamento apresenta Deus como o pastor do seu povo. Seu pastoreio se concretiza, sobretudo, em ações que visam guiar, prover, libertar e unir os homens a Ele por meio da Aliança. Essas palavras indicam como, pela ação pastoral, Deus busca conduzir seus filhos à vida plena, livrando-os de tudo o que ameaça sua vida, conduzindo-os pelos caminhos da liberdade e providenciando aquilo de que necessitam para ter vida plena.

Quando o título de pastor é atribuído a lideranças do povo, os textos bíblicos evidenciam seu dever de cuidar e guiar o povo, tendo como modelo o pastoreio de Deus. O Novo Testamento apresenta Jesus como o Bom Pastor. Por meio dessa metáfora, evidenciam-se elementos particularmente importantes: a proximidade entre o pastor e suas ovelhas; a gratuidade com que o pastor exercita sua liderança sobre o rebanho; a fidelidade do pastor, que é capaz de dar a vida pelas ovelhas; e o amor do pastor, que o leva a ir em busca da ovelha perdida. São Pedro, em sua primeira carta, enfatiza as atitudes que devem orientar o exercício da autoridade e liderança no interior da comunidade eclesial.

Indicações culturais

Artigos

GRENZER, M. Pastoreio e hospitalidade do Senhor: exegese do Salmo 23. **Atualidade Teológica**, n. 41, ano 16, p. 301-321, maio/ago. 2012. Disponível em: <https://www.maxwell.vrac.puc-rio.br/21678/21678.PDF>. Acesso em: 27 fev. 2018.

O artigo apresenta uma exegese do Salmo 23. É uma excelente leitura para quem deseja conhecer melhor a relação de confiança que o salmista manifesta em Deus como pastor do seu povo.

NIMTZ, G. B. Pastor/ovelha/rebanho: uma relação de intimidade. **Revista de Cultura Teológica**, v. 12, n. 48, p. 53-87, jul./set. 2004. Disponível em: <https://revistas.pucsp.br/index.php/culturateo/article/view/25034/17867>. Acesso em: 27 fev. 2018. Esse artigo é uma excelente leitura para quem deseja aprofundar a relação entre o pastor e suas ovelhas no Novo Testamento.

Atividades de autoavaliação

1. No cristianismo, Deus é visto como o Salvador de seu povo. Por isso, os cristãos dirigem-se a Ele em busca de salvação. Assinale a alternativa que expressa uma correta compreensão desse conceito:

   a) Salvação é sinônimo de perdão dos pecados.

   b) A salvação refere-se à dimensão espiritual da pessoa sem envolver a dimensão humana.

   c) A salvação oferecida por Deus compreende todas as dimensões da pessoa humana.

   d) Segundo os Evangelhos, no ministério de Jesus, a salvação se realiza com o perdão dos pecados das pessoas arrependidas.

2. O Antigo Testamento apresenta Deus como pastor do seu povo. Assinale a alternativa correta com relação ao uso desse título para a divindade:

   a) Na compreensão que havia no Egito entre os anos 2500 a.C. e 2250 a.C., a ação de deus se manifestava, em primeiro lugar, ao faraó e, em seguida, a todo o povo.

   b) Na compreensão de deus como pastor na cultura egípcia, no período de 2135 a.C. a 2000 a.C., esperava-se que ele guiasse e protegesse seu rebanho.

   c) Na Mesopotâmia, a imortalidade era vista como uma ação de deus, compreendido como pastor do seu povo.

   d) A atribuição do título de pastor à divindade é uma originalidade da cultura hebraico-cristã.

3. No Antigo Testamento, a compreensão de Deus como pastor que guia seu povo tem como ponto de partida a:
   a) experiência do Êxodo.
   b) compreensão de que Deus é o Criador de tudo o que existe.
   c) compreensão de Deus que habita nos céus.
   d) transcendência de Deus.

4. Segundo o profeta Jeremias, os que fazem parte do rebanho de Deus podem sentir-se seguros, porque:
   a) o Pastor Divino vela sobre eles.
   b) vivendo a união, poderão defender-se de qualquer perigo.
   c) suas lideranças civis e religiosas exercem todo o cuidado sobre eles.
   d) após sua morte, Deus cuidará deles.

5. Com relação à metáfora do pastor que vai em busca da ovelha perdida, é correto afirmar:
   a) Revela um traço característico do Deus bíblico.
   b) Revela um traço comum entre o Deus bíblico e a divindade egípcia.
   c) Revela um traço comum entre o Deus bíblico e a divindade mesopotâmica.
   d) É inadequada para falar de Deus.

Atividades de aprendizagem

Questões para reflexão

1. Estabeleça um quadro comparativo entre a compreensão de Deus como pastor na Mesopotâmia, no Egito e no Antigo Testamento, buscando compreender o que este último apresenta de originalidade.

2. Explique, em um breve texto, a expressão de Jesus ao se apresentar como a *porta das ovelhas*.

Atividade aplicada: prática

1. Faça uma lista das principais características do Bom Pastor, com base em João (10,1-18).

3
Modelos eclesiológicos e a pastoral da Igreja

Neste capítulo, não temos a intenção de fazer uma ampla apresentação dos principais modelos eclesiológicos que marcaram esses 2 mil anos de cristianismo. Nosso foco principal é a ação pastoral da Igreja. Por meio de uma abordagem histórica, procuramos identificar as linhas principais que caracterizaram a pastoral da Igreja Católica e mostrar sua relação com a concepção eclesiológica de cada momento histórico. Dado que, como já afirmava o orador e filósofo romano Cícero (106 a.C.-43 a.C.), "a história é mestra da vida" (Cícero, 1967, p. 224, tradução nossa), queremos estudá-la a fim de aprender com ela.

Um princípio básico afirma que a vida precede a reflexão. Antes vivemos e, depois, procuramos entender o que se viveu. Com a Igreja ocorre o mesmo. Até o final do século XIII, ela se percebe como um espaço humano que estabelece sua identidade com base no projeto de salvação de Deus Pai, por meio do Filho, no Espírito Santo. Porém, não havia, até então, nenhum tratado sistemático de eclesiologia.

3.1 A Igreja apostólica

Ao nos debruçarmos sobre a Igreja apostólica, não podemos criar expectativas de encontrar uma reflexão organizada sobre a comunidade dos discípulos do Senhor. Encontramos, sim, uma comunidade que gradualmente vivia sua vida de fé, realizando sua missão e, ao mesmo tempo, definindo sua identidade. Por isso, não faremos uma separação entre o modelo eclesiológico e a ação pastoral; na medida em que apresentamos um, vamos apresentando também o outro.

Para o Novo Testamento, os discípulos de Jesus formavam um só povo, que recebe denominações diversas: Igreja de Deus, Igreja de Cristo, Povo de Deus, Corpo de Cristo etc. Os membros dessa comunidade são chamados santos, discípulos, eleitos e, principalmente, irmãos. São o povo reunido e consagrado por Deus, que tem em Cristo sua pedra angular (1Pe 2,4), "**uma raça eleita, um sacerdócio real, uma nação santa, o povo de sua propriedade**" (1Pe 2,9, grifo do original). Batizados num só Espírito, formam um só corpo: o Corpo de Cristo (1Cor 12,12).

Isso remete a um primeiro elemento, fundamental na autocompreensão da Igreja apostólica: a unidade é algo constitutivo; a Igreja compreende-se como *una*. Ao perceber que, na comunidade de Corinto, havia um princípio de divisão – uns dizendo serem de Paulo, e outros, de Apolo –, o Apóstolo chama para a unidade. Os ministérios podem ser diversos, mas ninguém trabalha para si: "somos cooperadores de Deus" e a comunidade cristã é sua seara (1Cor 3,9)[1]. Existe apenas um fundamento: Jesus Cristo (1Cor 3,11). Paulo continua seu discurso sobre a unidade afirmando que há um só pão (1Cor 10,17) e um único e mesmo Espírito, que distribui livremente seus dons para a edificação da comunidade (1Cor 12,12-26). Podemos dizer, portanto, que, na Igreja apostólica, não há espaço para divisões. Há, sim, espaço para a diversidade, a qual ocorre em função da edificação da comunidade.

Ao mesmo tempo que a Igreja neotestamentária afirma com força sua unidade, deixa transparecer uma articulada diferenciação interna. Há uma diversidade de carismas – dons espirituais – concedidos livremente pelo Espírito para a edificação do Corpo de Cristo (1Cor 12-14). À diversidade de dons corresponde uma diversidade de funções e serviços, todos eles igualmente importantes e dignos, sem nenhum motivo para que um se sinta inferior ao outro. Da mesma forma como o corpo humano funciona adequadamente, na medida em que todos os seus membros, e cada um deles, realizam as funções que lhes são próprias, a Igreja, Corpo de Cristo, enriquece-se conforme os carismas, distribuídos abundantemente pelo Espírito, são colocados a serviço da edificação da comunidade (1Cor 12,12-27)[2]. A analogia com o corpo e os membros humanos mostra um elemento fundamental na visão eclesiológica de Paulo: a diversidade não constitui um obstáculo à unidade; pelo contrário, ela torna a unidade possível e é desejável para o enriquecimento da comunidade.

"Mas é o único e mesmo Espírito que isso tudo realiza, distribuindo a cada um os seus dons, conforme lhe apraz" (1Cor 12,11). Essa frase, do apóstolo Paulo, chama a atenção para outros dois elementos essenciais

---

1 É claro para a Igreja apostólica que a missão que realiza não é sua, mas de Deus.

2 Todos são chamados a contribuir para a edificação da comunidade, tornando-se, assim, nas palavras do apóstolo Pedro, "dispenseiros da multiforme graça de Deus" (1Pe 4,10). Paulo, por sua vez afirma: "Assim também vós: já que aspirais aos dons do Espírito, procurai tê-los em abundância, para a edificação da Igreja" (1Cor 14,12).

de sua visão eclesiológica. Em primeiro lugar, os carismas são dons do Espírito distribuídos abundantemente na comunidade eclesial. A expressão "a cada um" nos permite entender que há uma dimensão de universalidade, isto é, os carismas não são reservados a poucos, mas a muitos – provavelmente a todos – o que significa que o Espírito guia e enriquece a Igreja, por meio da comunidade eclesial, como um todo. Em segundo lugar, os carismas são dados pelo Espírito Santo "como lhe apraz", isto é, segundo seus próprios critérios. Essa expressão é contundente ao indicar a clara compreensão de Paulo sobre a dimensão mistérica da Igreja: sua edificação é, antes de mais nada, uma obra da Trindade.

Justamente por serem dons do Espírito para a edificação dos demais, é natural que os carismas se transformem em ministérios, que são formas específicas e estáveis de serviço, necessárias para a vida e a missão do Corpo de Cristo. Assim, uns são diáconos (1Cor 4,1; 3,6; 6,4); outros realizam serviço de presidência da comunidade e serviço de misericórdia (Rm 12,8) – tais presidentes, às vezes, são também denominados *guias* ou *dirigentes* (Hb 13,7.17.24) –; e outros ministros são denominados *epíscopos* (Fl 1,1) ou *presbíteros*[3].

Com base na experiência de Igreja, certamente teríamos curiosidade em saber quais ministérios eram desenvolvidos pelos clérigos e quais eram assumidos pelos leigos. Porém, não encontraríamos respostas para essas questões. É claro que existia uma diversidade de dons e ministérios e, portanto, também uma diversidade de responsabilidades e de níveis de autoridade. No entanto, a consciência da unidade eclesial sobressai de tal forma que ofusca as distinções que existem no interior dela: "Há diversidade de dons, mas o Espírito é o mesmo; diversidade

---

3 Epíscopos e presbíteros, na linguagem neotestamentária, não se diferenciam; fazem parte das igrejas particulares nas quais foram constituídos (Dianich, 1988, p. 909). Para um aprofundamento do tema, pode-se consultar Almeida (2006, p. 19-27).

de ministérios, mas o Senhor é o mesmo; diversos modos de ação, mas é o mesmo Deus que realiza tudo em todos" (1Cor 12,4).

Almeida (2006, p. 25) nota como os serviços e ministérios que têm sua origem nos dons do Espírito não podem ser contados, pois "são tantos quantos necessários para a edificação da comunidade cristã e para a missão cristã no mundo". O Espírito distribui seus dons livremente para que sejam colocados a serviço da comunidade: a uns dá uma palavra de sabedoria, e a outros, o dom das curas e o poder de fazer milagres, profetizar, discernir os espíritos, falar em línguas e interpretá-las (1Cor 12,8-10). Mais adiante, o apóstolo estabelece uma ordem: "em primeiro lugar, apóstolo; em segundo lugar, profetas; em terceiro lugar, doutores. Vem, a seguir, os dons dos milagres, das curas, da assistência, do governo e o de falar em diversas línguas" (1Cor 12,28).

Como afirma Almeida (2006, p. 26), os primeiros cristãos – em sua grande maioria leigos – são plenamente atuantes na Igreja: envolvem-se nas atividades apostólicas (At 4,23; At 14,27); propõem Barsabás e Matias para a substituição de Judas (At 1,23); acolhem os missionários em suas casas (At 15,22); participam da criação de um novo ministério para atender os necessitados em Jerusalém (At 6,1-16) etc. Quando dispersos por motivos da perseguição, aproveitam para anunciar a Palavra e difundir a Igreja: "Entretanto, os que haviam sido dispersos iam de lugar em lugar, anunciando a palavra da Boa Nova" (At 8,4); os que foram dispersos pela perseguição, após a morte de Estevão, espalharam-se pela Fenícia, pelo Chipre e pela Antioquia, anunciando a Palavra aos judeus (At 11,19). A pregação da Palavra, portanto, era exercida amplamente pelos cristãos. Alguns são ministros da Palavra, exercendo, assim, o ministério da profecia; outros, robustecidos pelo Espírito, são capazes de consolar e fortificar; os doutores, dotados de ciência, encarregam-se da instrução. É paradigmático o caso dos cônjuges Áquila e Priscila, que desempenham o ministério de *didáscalos* (mestre, doutor). Tendo ouvido a pregação de Apolo em Éfeso, o casal percebeu que, apesar de seu fervor, seus conhecimentos precisavam ser aprofundados. Por isso, Áquila e Priscila tomaram-no consigo e lhe expuseram o Caminho com mais exatidão (At 18,24-28). Paulo nos fala dele em 1Cor 3,4.

Paulo faz questão de lembrar aos inspirados que o verdadeiro ministério exige que cada um anteponha o bem da comunidade ao próprio (1Cor 14,12-13.19). E é justamente em vista do bem comum que o apóstolo não hesita em dar aos Coríntios orientações práticas para regularizar o uso da glossolalia e da profecia (1Cor 14,23.26-33). Em Romanos (Rm 12,3-8), Paulo complementa as instruções, indicando a atitude que cada qual deve tomar para pôr os próprios dons a serviço da comunidade[4]. O apóstolo exorta: "Se alguém julga ser profeta ou inspirado pelo Espírito, reconheça, nas coisas que vos escrevo um preceito do Senhor. Todavia, se alguém não o reconhecer, é que também Deus não é reconhecido" (1Cor 14,37-38). Esse modo de se dirigir com autoridade aos membros do Corpo de Cristo indica sua convicção de que os carismas não dão direito a um ministério autônomo na igreja. Todos os serviços devem ser exercidos em comunhão com a comunidade eclesial, presidida pelos Apóstolos.

Vanhoye (1988) nota que, no seu conjunto, os textos do Novo Testamento nos levam a afirmar a existência de uma estrutura carismático-institucional da Igreja, cujo fundamento e cujo modelo se encontram na instituição dos Doze, escolhidos por Jesus (Mc 3,13-14) e revestidos pelo Espírito Santo (At 2,4) para formar a Igreja de Deus. No pensamento eclesiológico paulino, há uma estreita relação entre carisma e instituição; por conseguinte, nas situações de conflito, não é lícito buscar uma solução pela eliminação de um ou do outro. Esses elementos mostram a superficialidade da abordagem de quem contrapõe a igreja de Jerusalém, petrina e hierárquica, à igreja de Corinto, puramente

---

4 Na mesma linha, há as orientações de 1Pe 4,10-11.

carismática. Trata-se de uma simplificação que falseia a realidade dos fatos[5]. A tentativa de opor os carismas à instituição e o ministério carismático ao ministério institucional não corresponde às categorias teológicas e eclesiológicas neotestamentárias, em que carisma e instituição são de tal forma unidos que podemos falar da impossibilidade de separá-los. Um exemplo paradigmático, nesse sentido, é o do ministério apostólico: ele é uma expressão carismática da Igreja (1Cor 12,28) e, também, a maior expressão de autoridade institucional. A Igreja neotestamentária se apresenta, portanto, ao mesmo tempo, como uma Igreja carismática e apostólica no sentido hierárquico-institucional.

A Igreja neotestamentária vive sua relação paradoxal com o mundo. Podemos dizer que é uma Igreja que está **no mundo**, sem ser **do mundo**. A primeira geração de cristãos vive uma situação, de certa forma, de hostilidade em relação ao mundo, não como *kósmos*, "mundo criado", (em grego), nem como *oikoumenen*, "mundo habitado", mas como *amartia*, "o mundo alienado pelo pecado" e distante de Deus. Com esse mundo, a comunidade cristã não pode conformar-se (Rm 12,2); nas palavras de João, esse mundo odeia os discípulos de Jesus, os quais, por sua vez, não podem amá-lo (1Jo 2,15.17). Ao mesmo tempo, porém, que a Igreja apostólica percebe esse distanciamento, recorda a oração sacerdotal, na qual Jesus pede ao Pai que não tire seus discípulos do mundo (Jo 17,15). Por saber que Deus amou tanto o mundo, a ponto de enviar seu Filho único (Jo 3,16), dá-se conta também de que é justamente deste mundo que Deus se aproxima, na pessoa do seu Filho, para reconciliá-lo consigo e salvá-lo (Almeida, 2006). É a esse mundo que os discípulos são enviados para levar a Boa-Nova do Evangelho (Mt 28,19; At 1,8), diante do qual são chamados a ser sal da terra e luz do mundo (Mt 5,13-16). Na compreensão bíblica, o chamado e a consagração estão intimamente

---

5 Para os dados principais dessa discussão, consulte Budillon (1971, p. 471).

associados à missão. Os que se sentem comunidade santificada por Deus têm plena consciência da missão a que são chamados a realizar no mundo.

A Igreja é uma realidade escatológica. Ao mesmo tempo que se sente comprometida a ser instrumento de salvação e mediadora do Reino, tem consciência de que a história caminha para a plenitude. Vive na dinâmica do "já" e do "ainda não", de um Reino que já está presente, porém ainda não totalmente.

É uma Igreja da Palavra e dos sinais sacramentais. Os Atos dos Apóstolos apresentam a estreita relação entre o anúncio do Evangelho, a adesão à fé e o nascimento da Igreja. Os que creem em Jesus são batizados e recebem o Espírito Santo. Acolhendo a novidade de vida, formam comunidades onde vivem relações fraternas e se alimentam da Palavra e da Eucaristia: "Eles mostravam-se assíduos ao ensinamento dos apóstolos, à comunhão fraterna, à fração do pão e às orações" (At 2,42).

Com base no exposto até aqui, podemos concluir que a Igreja apostólica vive um profundo sentimento de unidade ligado à missionariedade. Todos se sentem Igreja e, consequentemente, corresponsáveis por sua missão.

3.2 Igreja: mistério de comunhão

A unidade da Igreja é teologizada com base em uma linda imagem usada pela patrística: a da Lua. Como sabemos, a Lua não apresenta luz própria. Assim também acontece com a Igreja, que recebe a sua luz de Cristo e a expande e oferece a todos, na liturgia e na caridade. Ela, portanto, não brilha por conta própria, mas pela luz que recebe do seu Sol, que é Cristo. Como lua nova, a Igreja anuncia a palavra de Deus; como lua cheia, celebra os mistérios divinos; e, como lua minguante, dissipa-se na caridade. Em sua unidade, resplandece como dom aberto a todos. Essa unidade tem sua fonte na ação do Espírito, que insere os batizados em Cristo, tornando-os membros do seu corpo.

A partir do século II, a Igreja passou a ter um crescimento significativo, seja com relação ao número de seus membros, seja no sentido da expansão territorial. Às famílias que eram cristãs de longa data, uniam-se os novos convertidos. O constante crescimento, desde o início, acelerou-se a partir da segunda metade do século III, com uma expansão aproximada de 40% a cada década. Segundo Haight (2012), se, no ano 100, havia aproximadamente 7.530 cristãos, o número passou para 217 mil no ano 200 e ultrapassou os 6 milhões no ano 300.

No início do século II, as igrejas de Inácio de Antioquia já apresentavam um ministério claramente estruturado. Cada comunidade tinha um epíscopo (bispo), único cabeça da igreja, com a função de garantir a ortodoxia, de ser o pastor e celebrante da Eucaristia. Ao seu redor, estavam os presbíteros e os diáconos. Tratava-se de duas categorias distintas; ambas colaboravam de forma colegiada com o bispo, embora não seja fácil determinar as atribuições de cada uma delas. A identidade do presbítero era certamente diferente da atual. Basta pensar que eles não celebravam a Eucaristia e não tinham responsabilidade pessoal sobre nenhuma comunidade. Somente mais tarde, nasce a figura do padre que conhecemos hoje, como pastor de uma comunidade local, menor no âmbito de uma igreja confiada a um bispo, o qual é, para a Igreja local, a imagem visível da união de todos os fiéis. Assim, quem está em comunhão com ele está em comunhão com todos.

Com a hierarquia da Igreja que foi se estruturando, permaneceu viva a variedade de carismas e ministérios. Do ponto de vista sociológico, até a paz constantiniana[6], declarada no ano 313, a Igreja viveu num

---

6 Nos primeiros três séculos, os cristãos viveram sob a ameaça do martírio, por causa da perseguição que sofreram em ambientes judaicos, mas, sobretudo, pelo Império Romano. Com períodos mais ou menos intensos, a perseguição foi praticamente um elemento constante até o final do século III. No ano 313, pelo edito de Milão, Constantino declarou liberdade religiosa no império.

constante clima de hostilidade externa, que se materializava, de modo particular, na perseguição dos cristãos por parte do Império Romano, que os via como um corpo estranho e, de certa forma, ameaçador, sobretudo por não demonstrarem fidelidade às suas divindades. O foco da distinção e do conflito se colocava, portanto, entre a Igreja e o mundo. No interior da comunidade eclesial, a união era elemento essencial, para fazer frente às hostilidades externas. Em decorrência disso, a atenção não se voltava às diferenças que existiam entre os membros da comunidade eclesial, mas à distinção entre a Igreja e o mundo.

Outro elemento importante para se entender o modelo eclesial desse momento vem do âmbito teológico. A rica teologia batismal dos Padres da Igreja oferece o suporte necessário para uma autêntica valorização de todos os membros da Igreja. Segundo Tertuliano, pela água batismal nasce o homem novo, pois ela santifica pela ação do Espírito Santo; pela mesma ação, apaga os pecados e restabelece a semelhança com Deus; e, com o óleo, somos ungidos como Cristo e nos tornamos partícipes do seu sacerdócio. O Batismo confere o dom do Espírito Santo e nos torna filhos de Deus.

Entrando na Igreja pela fé, professada no Batismo, o cristão é constituído membro do Corpo de Cristo, na qualidade de sacerdote. Os fiéis são nutridos pela palavra de Deus, explicada e atualizada de modo particular nas homilias mistagógicas, que introduzem a compreensão dos mistérios celebrados na Eucaristia. A espiritualidade dos leigos consiste em participar ativamente do mistério e da vida na liturgia. Sua comunhão com Cristo se reforça na da Igreja, graças ao ministério dos bispos e dos sacerdotes.

A reflexão teológica, unida à postura eclesial, autoriza uma visão muito positiva de todos os membros da Igreja e permite uma valorização do leigo, como esta a seguir, que se expressa na definição encontrada no documento eclesiástico do século III denominado *Didaskalia*, citado por Almeida (2006, p. 44): "Escutai, pois leigos, Igreja escolhida de

Deus: porque o primeiro povo [o povo hebreu] foi chamado de Igreja, mas vós (sois chamados) Igreja Católica, santa e perfeita, sacerdócio real, povo santo (adotado) como herdeiro, grande Igreja, esposa ornada para o Senhor Deus".

Esses fatores sociológicos e teológicos fazem com que o sentimento predominante, desde os tempos apostólicos, seja de que todos os batizados são Igreja – no pleno sentido da palavra –, formam um só corpo e passam a ser tratados como santos, discípulos, irmãos, cristãos. A Igreja compreende a si mesma como comunhão de pessoas que partilham a mesma fé em Jesus Cristo pela contínua ação do Espírito Santo.

A esse sentimento de unidade, corresponde a consciência de que todos são corresponsáveis pela ação pastoral da Igreja. Podemos dizer que tal consciência se fundamenta em três pilares: cristológico, eclesiológico e pneumatológico.

Os leigos não são percebidos apenas numa ótica negativa: os que não participam do ministério hierárquico. Positivamente, afirma-se que eles são portadores de ministérios e carismas. Justino, filósofo e mártir, é leigo pregador do Evangelho; os primeiros teólogos são quase todos leigos, como o próprio Justino, Tertuliano, Prospero de Aquitânia e Orígenes[7]. Eusébio de Cesareia (2017), em sua obra *História eclesiástica*, dá testemunho da existência, além do clero, de *didáscalos*, de mártires, de confessores (da fé) e de ascetas. Os carismas estão, portanto, reconhecidamente presentes na comunidade cristã (Forte, 1988). Segundo Congar (1976), o sentimento dominante, dos tempos apostólicos ao início do século VII, é de que todos os batizados são Igreja; é a isso que se refere o **nós** dos cristãos. Essa ideia é partilhada por outros autores, como H. de Lubac e E. Dassmann. Parece-nos, portanto, de certa forma redutiva a opinião de Faivre (1990), segundo o qual os leigos, a partir do século III, tinham a função de liberar os sacerdotes dos afazeres materiais para que pudessem se dedicar completamente ao culto. Estaria aqui,

---

7 Orígenes era reconhecido como teólogo antes de ser ordenado sacerdote.

na opinião do autor, a raiz da distinção entre o clero e os leigos, que foi se acentuando ao longo dos séculos.

A opinião de Faivre parece não considerar suficientemente o sentimento de unidade que era dominante nos primeiros séculos. Mesmo que a missão da Igreja fosse organizada pelos presbíteros, ela era sentida como algo de toda a comunidade eclesial. É a comunidade, no seu todo, que se coloca em relação dialética com o mundo. A tensão está no exterior, na relação com o gentio e com o perseguidor que deve ser evangelizado, muito mais do que no interior, na distinção hierarquia-laicato. Portanto, podemos dizer que, com a distinção hierárquica, a antiguidade cristã dá testemunho da variedade carismática e ministerial do laicato cristão.

De sua parte, de forma subordinada, mas ativa, os leigos participam das decisões, das eleições ou da aprovação dos ministros e dos concílios e exercem seus carismas próprios. Tudo isso mostra um respeito pelas iniciativas do Espírito. Boa parte do povo se interessava pelas questões dogmáticas e teológicas, e os leigos sentiam-se totalmente parte da Igreja. Na liturgia, na assembleia, formavam o sujeito da celebração litúrgica total. Exerciam seu serviço sacerdotal, participando não somente da Eucaristia, mas também da salmodia – pela manhã e pela tarde. João Crisóstomo (ca. 345-407) afirma que, com exceção do casamento, os monges e os cristãos que vivem no mundo têm as mesmas obrigações, pois as bem-aventuranças são para todos.

Brighenti (2006) nota que a ação pastoral se desenvolve em três âmbitos principais: o testemunho de vida (*matryria*), a proclamação da fé em Jesus Cristo (*kerigma*) e o ensinamento da Palavra (*didaskalia*). Em todos esses âmbitos, encontramos um empenho sério e entusiasmado de toda a comunidade eclesial, que envolve epíscopos, presbíteros, diáconos e leigos. Sem a participação conjunta de homens e mulheres, com forte espírito missionário e atuando de forma espontânea nos mais diversos ambientes, não teríamos alcançado o alto nível de expansão do cristianismo, testemunhado pela história tanto no âmbito do Império quanto fora dele (Almeida, 2006).

Talvez você esteja se perguntando sobre o motivo que levou a esse empenho conjunto na evangelização por parte dos membros da comunidade eclesial. Como afirma Almeida (2006), é preciso reconhecer que tal eficácia evangelizadora não é fruto de um plano de evangelização detalhadamente elaborado. Pelo contrário, na maioria das vezes, os cristãos se aproveitaram de situações casuais. Os que precisaram fugir por causa da perseguição nos ambientes em que se estabeleceram anunciaram o Evangelho e formaram novas comunidades cristãs; bárbaros, que militaram no exército romano, tendo se convertido ao cristianismo, ao regressarem à sua pátria, fizeram o mesmo; comerciantes que se deslocavam para a compra e a venda de produtos, além de suas mercadorias, levavam costumes, notícias, experiências e, sem dúvidas, a Boa-Nova do Reino, pregada por Jesus de Nazaré.

Imaginamos que não esteja passando despercebida a espontaneidade com que ocorreu essa ação evangelizadora. A pergunta nasce de maneira espontânea: O que leva essas pessoas a anunciarem com tanta eficácia sua fé em Jesus Cristo? Um breve aceno a alguns fatos bíblicos nos ajuda a entender isso. Marcos (Mc 1,40-45) nos apresenta um leproso que, encontrando Jesus, lhe implora de joelhos: "Se queres, tens o poder de purificar-me" (Mc 1,40). Depois de curá-lo, Jesus o adverte severamente: "Não digas nada a ninguém" (Mc 1,44). Qual foi o resultado disso? O evangelista enuncia: "Ele, porém, assim que partiu, começou a proclamar ainda mais e a divulgar a notícias, de modo que Jesus já não podia entrar publicamente numa cidade" (Mc 1,45). A experiência do encontro com Jesus foi, para esse leproso, tão significativa que ele simplesmente não conseguiu se calar. Essa é a experiência fundamental que está na base da ação evangelizadora desses cristãos dos primeiros séculos, que, nas situações casuais que a vida lhes apresentou, anunciaram, de forma contagiante, sua fé em Jesus Cristo. Um breve olhar para a experiência cotidiana também ajuda a entender: Quando acontece algo maravilhoso na vida de uma pessoa, ela tende a guardar apenas para si ou, num processo espontâneo, ela tende a comunicar aos demais? A verdadeira pastoral nasce justamente da experiência de Deus, que normalmente se apresenta como experiência de salvação, como um verdadeiro tesouro encontrado, que cria na pessoa um tal dinamismo que a impede de guardar para si. Contar aos outros torna-se algo natural: "Porque, se alguém acolheu este amor que lhe devolve o sentido da vida, como é que pode conter o desejo de o comunicar aos outros?" (EG, n. 8).

Outro âmbito em que a Igreja como um todo se encontra empenhada nos primeiros séculos é o testemunho (*martyria*). O maior teólogo nesse campo é Inácio de Antioquia (ca. 35-107). O martírio é compreendido como a expressão máxima da vida cristã, com base nesta frase de Jesus: "Ninguém tem maior amor do que aquele que dá a vida por seus amigos" (Jo 15,13). É entendido ainda como uma resposta de amor àquele que amou tanto, a ponto de dar a vida por nós. Dele participam epíscopos, como Inácio de Antioquia, Policarpo e Irineu de Lião, bem como leigos que professaram até as últimas consequências sua fé em Jesus Cristo.

Os leigos estão empenhados ao lado dos bispos, presbíteros e diáconos também no âmbito teológico. Uma elite de leigos mais cultos dedicava-se ao aprofundamento das verdades da fé, em diálogo com a sociedade e a cultura do seu tempo (Almeida, 2006)[8]. No entanto, o interesse pelos debates teológicos é muito amplo entre os cristãos dos primeiros séculos. Gregório de Nissa (330-395) fala que, por todos os lados na cidade – ruas, mercados, praças etc. – pessoas do povo, comerciantes ou cambistas discutiam fervorosamente questões de cristologia. Alguns

---

8 A título de exemplo de leigos versados na teologia, citaremos apenas alguns nomes, a maioria deles, de certo modo, mais difíceis de encontrar: Arnóbio de Sicca (255-330), professor de retórica em Roma; Lactâncio (240-330), convertido ao cristianismo, tornou-se conselheiro do Imperador Constantino (272-337); Caio Mário Vitorino, professor de retórica em Roma, exerceu influências filosóficas sobre Santo Agostinho; e Próspero de Aquitânia (ca. 390-455), secretário do Papa Leão I. Outros nomes de eminentes teólogos leigos certamente são mais conhecidos: Justino (100-165); Tertuliano (ca. 160-220); e Orígenes (ca. 185-253).

exemplos: "Se pedes o preço do pão, respondem-te: 'O Pai é maior e o Filho é submisso a ele'. Perguntas se o banho está pronto, e um outro sentencia que o Filho deriva do nada. Não sei mesmo como se deva chamar esta doença: delírio, loucura ou uma forma de epidemia que transforma as mentes" (Gregório de Nissa, citado por Almeida, 2006, p. 49).

No final do século IV, quando o Império Romano adotou o cristianismo como religião oficial, um grande número de pessoas pedia o batismo não por convicção de fé, mas simplesmente por questões de conveniência. Nesse momento, o cristianismo correu o risco de perder o alto nível de vivência da fé experimentado pelas primeiras gerações. Em reação a esse cristianismo pouco exigente, o monarquismo, movimento fundamentalmente leigo e nascido no Egito na segunda metade do século III, conheceu uma grande expansão. Seu objetivo era recuperar o alto nível da vida cristã do tempo dos apóstolos.

Como pudemos perceber, nesses primeiros séculos de cristianismo, a ação evangelizadora era realizada pela Igreja como um todo, na diversidade de carismas e ministérios.

3.3 Igreja como sociedade perfeita

De início, situaremos historicamente esse modelo de Igreja, sob o qual ela era entendida como **sociedade perfeita**. Esse é o modelo eclesiológico que teve maior duração na história do cristianismo. Ele se estendeu desde a Idade Média até as vésperas do Concílio Ecumênico Vaticano II. Como afirma Almeida (2006), suas raízes podem ser encontradas ainda na Idade Antiga. No final do século IV, o Império Romano adotou o cristianismo como religião oficial. Com isso, cessaram as perseguições e a maior parte da população foi aderindo ao cristianismo, formando a sociedade cristã. Desapareceu, assim, a tensão entre Igreja e mundo.

Em contrapartida, cresceu gradualmente a tensão no interior da comunidade eclesial e passou-se a prestar mais atenção às diferenças internas. Em consequência disso, teve início uma série de mudanças. Uma delas refere-se aos critérios de discernimento da vivência cristã: de um lado, estavam o clero e os monges, considerados *homens espirituais*; do outro, os leigos, tidos como *homens profanos*. Paralelamente, ocorreu uma progressiva distinção entre hierarquia e povo. Os clérigos foram transformados em funcionários públicos do Império e passaram a receber privilégios e honrarias. Além disso, dentro da Igreja, destacavam-se pelo exercício do próprio magistério. A consequência disso é que, à medida que os clérigos foram ampliando seus poderes no interior da comunidade eclesial, tanto no que se refere à administração dos bens da Igreja quanto à ação pastoral, os leigos foram perdendo muitas de suas funções no interior da comunidade; gradualmente, tornaram-se menos ativos e foram perdendo o sentido de corresponsabilidade no que diz respeito à vida e à missão da Igreja. A supervalorização do bispo, tanto do ponto de vista teológico quanto do institucional, levou a uma correspondente desvalorização do leigo. Iniciou-se, assim, um longo caminho que fez do leigo uma pessoa fundamentalmente submissa no interior da Igreja.

O modelo de Igreja entendida como sociedade perfeita se caracteriza pela acentuação – seja no que se refere à sua organização interna, seja no que se refere à ação pastoral – dos seus aspectos visíveis e institucionais: a organização hierárquica, as normas, a doutrina e a celebração dos sacramentos. A palavra *perfeita* é usada para expressar o fato de que a Igreja tem todos os meios necessários para alcançar seus objetivos.

Essa ênfase sobre o que é visível levou a uma valorização cada vez maior da pessoa do Filho, Verbo encarnado, em detrimento das pessoas do Pai e do Espírito. Essa forma de compreender os mistérios da fé foi denominada *cristomonismo*[9]. Do ponto de vista da eclesiologia,

---

9 Essa postura levou a uma perda da dimensão trinitária da fé – elemento essencial do cristianismo – em favor de uma visão puramente cristológica.

a excessiva preocupação com a visibilidade levou a compreender que o verdadeiro Corpo de Cristo é o pão consagrado. Com relação à Igreja, substituiu-se a expressão *Corpo de Cristo* por *Corpo Místico*.

Essa concepção eclesiológica foi radicalizada na Contrarreforma, a qual buscou acentuar os aspectos visíveis e institucionais da Igreja, em contrapartida ao individualismo atribuído às igrejas da Reforma. É emblemática, nesse sentido, a elaboração do teólogo e cardeal italiano Roberto Belarmino (1542-1621) ao afirmar que a Igreja é a comunidade dos homens reunidos pela profissão da mesma fé e pela participação nos mesmos sacramentos, sob o governo dos seus legítimos pastores, principalmente do único vigário de Cristo, que é o sumo pontífice. Ele entende que a Igreja é tão visível quanto a missão do Filho. Por isso, a seu modo de ver, para que alguém seja considerado membro da verdadeira Igreja, não é necessário que tenha qualquer virtude interna. Basta professar externamente a fé e participar das celebrações dos sacramentos, o que pode ser constatado por nossos sentidos (Congar, 1970). Ele compara a visibilidade da Igreja à das instituições civis de então: comunidade do povo romano, Reino da França, República de Veneza, entre outras. O papa é visto como pastor universal, que delega seu poder aos bispos para o governo de suas dioceses. Esse modelo de autoridade se reproduz também nas paróquias. Cada autoridade se entende, com relação ao seu rebanho, como um pequeno papa, isto é, detém sobre ele poder absoluto e universal.

Dois outros fatores são fundamentais para entender melhor as ideias que orientaram a Igreja ao longo desse tempo. A filosofia platônica, que apresenta uma visão essencialmente negativa da matéria, foi sendo absorvida pelo cristianismo desde os primeiros séculos, determinando uma concepção dualista que despreza o corpo e o mundo. O corpo passou a ser visto como inimigo da alma, e o mundo, como inimigo da

Igreja. A Igreja era vista como a comunidade da salvação, e o mundo, como o lugar da perdição.

Com essa breve descrição do modelo eclesiológico de sociedade perfeita, procuraremos entender a concepção pastoral que dela deriva. Um primeiro elemento se refere justamente à aplicação do conceito de autoridade no interior da Igreja. Pio X (1906), em sua Encíclica *Vehementer Nos*, afirma que é só na hierarquia que reside o direito e a autoridade para orientar e dirigir. Cabe à multidão deixar-se governar e prestar-lhe obediência. Essa concepção trouxe uma série de conflitos.

A Revolução Francesa, que pregou os ideais de liberdade, igualdade e fraternidade e, ao mesmo tempo, disseminou uma forte onda antieclesial, provocou nos leigos mais conscientes de sua fé uma nova postura diante da comunidade eclesial. Em primeiro lugar, levaram para o interior da Igreja o sentido de sujeito portador de direitos e o da corresponsabilidade pela construção da história, aprendidos no âmbito da sociedade civil.

Sobretudo a partir do início do século XIX, os leigos começaram a propor soluções e a tomar iniciativas diante dos problemas religiosos que emergiam no campo sociopolítico. Sentiam-se chamados a assumir uma postura ativa, a fim de defender uma Igreja livre das intromissões do poder civil, a conservar uma estrutura cristã na sociedade e a favorecer a formação e a educação das consciências dos fiéis. Não aceitavam mais ser reduzidos a membros passivos que se limitavam a obedecer ao que determinava a autoridade eclesiástica; eles buscavam criar associações apostólicas dedicadas à evangelização com um método renovado.

A hierarquia, porém, acostumada àquela visão piramidal da Igreja, teve muita dificuldade para compreender essa nova postura dos cristãos leigos[10]. Inicialmente, viu nessa postura certo atentado a seu direi-

---

10 Congar (1966, p. 1) chama a atenção para a postura depreciativa que existe na Igreja em relação aos leigos e introduz com estas palavras sua obra, redigida em língua francesa ainda antes do Concílio Vaticano II: "Conta o cardeal Gasquet que um catecúmeno perguntou a um padre qual a posição do leigo na Igreja. É dupla, respondeu o padre: de joelhos diante do altar e sentado diante do púlpito. Ajunta o Cardeal: esqueceu a outra: puxando a carteira".

to-dever de ser o único princípio operativo na Igreja. Em outras palavras, entendeu-a como uma espécie de intromissão laica em assuntos eclesiásticos. O núncio apostólico da Bélgica, Mons. Fornari (-1854), comentou que, infelizmente, todos estavam se sentindo chamados ao apostolado.

Na verdade, uma série de elementos teológicos ajuda a compreender a posição de Fornari, que era comum na mentalidade do tempo. O primeiro elemento é a confusão entre eclesial e eclesiástico. No momento em que o eclesial – Igreja – se confunde com eclesiástico – clerical –, o que é da Igreja passa a ser somente do clero. A missão pertence à Igreja como um todo – Corpo de Cristo formado por todos os seus membros –, mas, nessa perspectiva redutiva, entende-se que a missão é algo que se refere unicamente aos clérigos. Desse modo, a hierarquia eclesiástica interpreta o desejo dos leigos de participar da ação apostólica como uma intromissão em assuntos que não lhes pertencem.

Outro fator, não menos importante, é a pobreza na teologia do Batismo. Nesse longo período em que prevaleceu a visão eclesiológica da sociedade perfeita, o primeiro sacramento era visto essencialmente na sua função de apagar a marca do pecado original. Esqueceu-se da visão teológica mais ampla da patrística, que o apresenta na sua relação trinitária: torna-nos filhos de Deus; insere-nos em Cristo; torna-nos templos do Espírito e faz-nos membros da Igreja. Faltavam, portanto, as dimensões cristológica, pneumatológica e eclesiológica, que oferecem o verdadeiro suporte teológico para o apostolado dos leigos. Na ausência dessa teologia batismal, pregava-se que era pela ordenação sacerdotal que a pessoa tomava parte da missão da Igreja. Nessa perspectiva, realmente a missão seria algo apenas do clero. A visão reducionista que considerava a Igreja apenas na sua realidade visível colocou à margem a dimensão carismática, isto é, a compreensão de que o Espírito concede, de forma abundante, seus dons e enriquece a Igreja por todos os seus membros.

Brighenti (2006) nota que a pastoral sacramental acentuava mais a dimensão *ex opera operato* do que a *ex opera operantis*[11]. Em outras palavras, destacava mais o valor salvífico do sacramento em si mesmo do que o valor salvífico em relação às disposições com que era acolhido pela pessoa. Com base nessa perspectiva, bem mais importante que as atitudes com que se celebra um sacramento é o fato de celebrá-lo. Dessa forma, ressaltava-se a ação de Deus, mas dava-se pouca importância à cooperação humana.

Boa parte da ação pastoral da Igreja na Idade Moderna estava relacionada a uma atitude apologética diante da Reforma (Brighenti, 2006). Mediante o incentivo dado pelos protestantes a todos os fiéis para a leitura da Bíblia, a Igreja Católica, em vez de recomendar uma leitura prudente, praticamente a proibia[12]. Do ponto de vista pastoral, isso representa uma grande limitação, pois impede à grande maioria dos católicos o acesso a uma das principais fontes de inspiração e de alimento da fé: a palavra de Deus. Dessa forma, limita-se o espaço da experiência pessoal de Deus – elemento fundamental da vida de fé – em favor da fidelidade à doutrina.

Nessa direção caminha a decisão de elaborar um catecismo – o de Trento – para suprir a ignorância religiosa, com o objetivo fundamental de apresentar as verdades da fé católica para proteger os católicos das heresias protestantes.

---

11 A expressão *ex opera operato* indica o fato de que o sacramento tem uma eficácia própria, que independe do nível de santidade de quem o ministra; refere-se à ação de Deus. A expressão *ex opera operantes* indica que os frutos concretos que o sacramento produz na vida da pessoa depende, em grande parte, da fé com que é ministrado e, ao mesmo tempo, acolhido pelo fiel.

12 Nesse sentido, é importante lembrar que a própria teologia apresenta grandes limites no que se refere à dimensão bíblica, visto que carece de sólido embasamento. Sua postura é fundamentalmente biblicista: recorre-se à Bíblia para dar sustentação ao ensinamento do Magistério. Note como, nesse caso, a Bíblia deixa de ser o grande ponto de referência da teologia.

3.4 Igreja: Mistério, Povo de Deus, Corpo de Cristo

Não temos, aqui, a pretensão de apresentar uma visão exaustiva da nova concepção eclesiológica do Concílio Ecumênico Vaticano II. Vamos nos limitar aos elementos essenciais para entender como sua concepção eclesiológica contribuiu para uma nova compreensão da ação pastoral.

Primeiramente, é importante dizer que o Concílio Vaticano II reconheceu a complexidade do mistério da Igreja e, por isso, percebeu que nem a categoria *sociedade perfeita* nem a *Corpo Místico de Cristo* eram suficientes para falar de sua identidade. O Vaticano II abriu uma perspectiva ampla e irrenunciável. Com base nas fontes da Revelação e da patrística, concebeu a Igreja como parte do projeto salvífico de Deus, inserindo-a na história da humanidade, assumida pelo Verbo encarnado sob a ação do Espírito de Deus.

Um dos elementos inovadores é a recuperação da categoria *Povo de Deus*. Congar (1969) nota que a própria estrutura da Constituição dogmática *Lumen Gentium* (LG) é importante para compreender essa nova visão. O documento segue a seguinte ordem: I. Mistério da Igreja; II. Povo de Deus; III. Hierarquia. Essa ordem no desenvolvimento dos temas foi estabelecida com o objetivo de evidenciar os valores que são comuns a todos os membros, antes de falar do que é próprio de cada um: clérigos, consagrados e leigos (Congar, 1969). Cada uma dessas categorias faz parte constitutiva da Igreja, mas cada uma delas é parte. Maior que a parte é o todo e, justamente por esse motivo, antes de tratar do que se refere apenas a alguns membros, o concílio quis falar do que diz respeito a todos.

Dando destaque à categoria *Povo de Deus*, o documento afirma que todos fazem parte da Igreja, no pleno sentido da palavra: leigos, consagrados e ordenados. Existe uma diversidade de formas de vida, bem como de ministérios, mas todos são igualmente Igreja e, portanto, partilham da mesma dignidade e corresponsabilidade pela sua missão. Como você pode perceber, a nova ótica do Concílio Vaticano II toma, como ponto de partida, o Povo de Deus como um todo, e não somente a hierarquia (Vagaggini, 1973). Este é um dado importante para uma nova compreensão da ação pastoral.

Trata-se de uma imagem densa de significado. Tem valor histórico, pois evoca toda a experiência de salvação vivida pelo povo de Israel e também lembra que a Igreja é feita de homens a caminho do Reino; valor antropológico, pois, superando a concepção estritamente jurídica da Igreja no modelo sociedade perfeita, evidencia um aspecto essencial: a Igreja é formada por homens que se abrem ao chamado de Deus, dimensão fundamental da eclesiologia patrística; e valor comunitário, quando, na comunidade em que se santifica, o cristão partilha com os outros os dons espirituais que recebeu.

O Concílio Vaticano II novamente supera a visão reducionista da Igreja entendida como sociedade perfeita ao recuperar sua dimensão de mistério com a renovação bíblica, patrística e litúrgica. O fio condutor da LG está na sua compreensão trinitária da Igreja: povo reunido na unidade do Pai, do Filho e do Espírito Santo. A Igreja não nasce de uma iniciativa humana, mas da iniciativa do Pai, que tem um projeto de salvação para toda a humanidade. A salvação não se limita ao pecado, estendendo-se a todas aquelas situações em que a vida se encontra minimizada, ameaçada ou destruída; em contrapartida, ela alcança sua plenitude na ação de Deus de elevar os homens a participar da vida divina na comunhão da própria Trindade (LG, n. 2).

Para levar esse projeto a cabo, Deus enviou seu Filho, que, durante sua vida pública, constituiu o grupo dos Doze para que estivessem com Ele e para enviá-los a pregar com seu poder (Mc 3,14-15). Ao redor desse grupo, sob a ação do Espírito, nasce a Igreja. O Espírito, que dá a vida

(Jo 4,14; Rm 8,10-11), faz da Igreja e do coração dos seus fiéis seu templo (1Cor 3,16; 6,19) e neles testemunha sua adoção filial (Gl 4,6; Rm 8,15-16). Guia a Igreja toda à verdade (Jo 16,13), unifica-a na comunhão e no serviço e a enriquece com diversos dons hierárquicos e carismáticos, pelos quais nascem os serviços e os ministérios (Ef 4,11-12; 1Cor 12,4; Gl 5,22); pela força do Evangelho, a renova continuamente (LG, n. 4).

Como você pode perceber, ao recuperar a dimensão mística da Igreja, o Concílio Vaticano II chamou a atenção para sua relação essencial com a Trindade. Nela, a Igreja tem sua origem e também sua fonte vital, sendo perenemente renovada pela ação do Espírito. É Ele quem capacita a Igreja, a fim de que possa dar continuidade à missão do Pai, realizada pelo Filho, no Espírito. Por isso, deve inserir-se na história, consciente de que seu modelo e, ao mesmo tempo, sua meta é a Trindade.

A compreensão da Igreja como Corpo de Cristo é outra categoria eclesiológica recuperada pelo Concílio Vaticano II, criada pelo apóstolo Paulo. Almeida (2004) chama a atenção para o fato de que o termo *corpo* precisa ser entendido com base na visão antropológica semita, para a qual o corpo não indica uma parte, mas a pessoa humana na sua totalidade (Lv 15,11.16.19; 16,4; 19,28). Esse é o sentido dado também por Paulo (Rm 12,1). Note a diferença em relação à visão antropológica helênica, que considerava o corpo não como parte essencial da pessoa – para os gregos, a essência da pessoa é a alma –, mas como algo acrescido a ela, uma espécie de castigo divino. Na compreensão judaica, partilhada por Paulo, corpo e espírito integram e formam a pessoa. Podemos dizer que o corpo é a esfera concreta da existência, por meio da qual ela se relaciona consigo mesma (1Cor 9,27), com os outros (Rm 4,19) e com Deus (Rm 12,1; 1Cor 6,15.19-20; 13,3). É justamente essa compreensão encontrada nas cartas paulinas que o concílio tomou como base para falar da Igreja como Corpo de Cristo.

Paulo usa essa analogia (1Cor 12,27; Rm 12,5) para referir-se à Igreja (1Cor 12,12-31; Rm 12,3-8) como um organismo vivo, cujos membros são, ao mesmo tempo, unidos e interdependentes. Os membros apresentam diversidade de funções (Rm 12,4), mas tudo converge para a unidade, determinando sua qualidade de vida e de ação. À medida que reconhece a importância de cada um de seus membros, bem como sua igual dignidade, afirma que os mais frágeis merecem maior atenção (1Cor 12,22-26).

O Concílio Vaticano II serve-se da reflexão de Paulo, que, em 1 Coríntios e em Romanos, evidencia a solidariedade entre os membros do corpo e a perspectiva de Colossenses e Efésios, que colocam a pessoa de Cristo como cabeça da Igreja. Pelo Batismo, somos inseridos em Cristo e nos tornamos com Ele um mesmo ser orgânico: "a vida de Cristo se difunde nos que creem, unidos de modo misterioso e real, por meio dos sacramentos, a Cristo padecente e glorioso" (LG, n. 7). Pela Eucaristia, somos elevados à comunhão com o Senhor e entre nós; um único pão alimenta os membros de um único corpo. Como membros do Corpo de Cristo, somos também "individualmente membros uns dos outros" (LG, n. 7). Assim como os membros do corpo humano, em sua diversidade, formam um só corpo, os fiéis participam da edificação do Corpo de Cristo. Há uma diversidade de funções, mas é um mesmo Espírito que distribui seus dons, segundo as necessidades dos ministérios em vista da edificação da Igreja (1Cor 12,1-11).

Certamente, estamos percebendo a relevância dessa concepção eclesiológica para a ação pastoral da Igreja. Ela não é um bloco monolítico nem a unidade se confunde com a uniformidade. As manifestações do Espírito são distintas em seus dons e suscitam uma diversidade de serviços e ministérios. Ao mesmo tempo, diversidade não implica divisões; pelo contrário, é a normal expressão da vida de um corpo que dispõe de muitos membros, com capacidades e funções diversas. A contínua ação do Espírito em todo o Corpo de Cristo o enriquece e o renova continuamente. A diversidade de dons é expressão da ação do Espírito e, portanto, deve ser acolhida. Também a isso se refere a expressão de Paulo (1Ts 5,19): "Não extingais o Espírito".

Ao mesmo tempo que cada membro, portador de dons espirituais, tem o direito de ser acolhido na comunidade – da qual é parte – e exercer seu serviço ou ministério, tem o dever de trabalhar para a unidade da Igreja. Com essa reflexão, já podemos intuir a importância do diálogo e do planejamento pastoral para que, de uma parte, a comunidade eclesial acolha os carismas com que o Espírito a enriquece e, de outra, para que seus membros coloquem a serviço dela os carismas recebidos, sem atitudes exibicionistas ou espetaculosas, de modo que realmente sirvam para a edificação da Igreja e a realização de sua missão de ser sacramento universal de salvação.

Na eclesiologia da sociedade perfeita, a hierarquia era considerada o pilar fundamental da Igreja, ao passo que o Vaticano II fala de uma dupla estrutura: hierárquica e carismática. O Espírito enriquece e guia a Igreja com diversos dons hierárquicos e carismáticos (LG, n. 4) e santifica e conduz o Povo de Deus, não apenas por meio dos sacramentos e ministérios, mas também dos seus dons, que distribui livremente[13]. O Espírito distribui graças especiais aos seus, tornando-os aptos e dispostos a assumir obras e serviços úteis para a renovação e a edificação da Igreja.

Entre os dons do Espírito, o concílio evidencia a graça dos Apóstolos, a cuja autoridade o mesmo Espírito submeteu também os carismáticos (1Cor 14). O Concílio Vaticano II afirma que os carismas, como um todo, sejam os mais elevados, sejam os mais simples e comuns, "devem ser recebidos com ação de graças e consolação, por serem muito acomodados e úteis às necessidades da Igreja" (LG, n. 12).

---

13 Dessa forma, o concílio recupera uma visão mais ampla da pneumatologia. Ao mesmo tempo que reconhece a ação do Espírito por meio dos pastores, coloca em destaque sua ação livre, que se manifesta em todos os lugares: por seus pastores e, também, pelos demais membros do Corpo de Cristo; dentro da Igreja e fora dela, como o vento que sopra onde quer, sem que saibamos nem de onde vem nem para onde vai (Jo 3,8).

Essa nova visão eclesiológica acarretou mudanças significativas para o modelo pastoral, pois a missão voltou a ser entendida no seu sentido amplo: a missão da Trindade, confiada à Igreja, Corpo de Cristo, do qual fazem parte todos os batizados. Supera-se, assim, a compreensão de que a ação pastoral era algo que interessava apenas à hierarquia da Igreja. Uma teologia mais ampla do sacramento do Batismo trouxe de volta a compreensão de que o fiel se torna partícipe da missão por esse sacramento, não pela ordenação sacerdotal, como se pensava no período pré-conciliar. Participando "no múnus sacerdotal profético e real de Cristo, têm os leigos parte ativa na vida e ação da Igreja" (AA, n. 10). Nutridos pela vida litúrgica de suas comunidades, tomam parte na ação pastoral, indo ao encontro dos que estão afastados, colaborando na transmissão da palavra de Deus e colocando à disposição da Igreja sua competência no cuidado pastoral e na administração dos seus bens: "A paróquia dá-nos um exemplo claro de apostolado comunitário porque congrega numa unidade toda a diversidade humana que aí se encontra e a insere na universalidade da Igreja" (AA, n. 10). O concílio (AA, n. 3), além de falar do direito e do dever dos leigos de participar, de forma ativa, no apostolado da Igreja na forma individual, encoraja-os a formar associações, pois elas respondem a uma exigência humana – por sua natureza social e cristã, por serem membros do Povo de Deus e do Corpo de Cristo. O concílio exortou os bispos não apenas a reconhecer e fomentar a dignidade e a responsabilidade dos leigos na Igreja, mas também a entregar-lhes, com confiança, cargos em serviço da Igreja, dando-lhes liberdade de ação e animando-os a tomar a iniciativa de empreendimentos (LG, n. 37).

A missão de evangelizar e, consequentemente, transformar a sociedade cabe a toda a Igreja, mas de modo orgânico , segundo os carismas e os ministérios de cada um. A hierarquia contribui na construção de um mundo melhor, anunciando corajosamente o Evangelho na sua integridade e denunciando todas as situações nas quais os direitos fundamentais da pessoa humana são desrespeitados, edificando a Igreja como Corpo Místico e formando os cristãos para que sejam fermento na sociedade. Em muitos âmbitos, porém, a tarefa dos pastores se resume à ação pastoral no interior da comunidade eclesial. Compete mais especificamente aos leigos a transformação das estruturas e a luta pela justiça, por meio de participação e ação diretas. É por eles que a Igreja se torna princípio vital de uma nova sociedade. A cultura, a ciência, a técnica, a economia, o direito, a política, as artes e as profissões são campos nos quais os cristãos estão diretamente em contato e são comprometidos pela fé.

Com base na reflexão desenvolvida até aqui, podemos afirmar que a concepção eclesiológica do Concílio Vaticano II, ao recuperar a dimensão trinitária da Igreja, indica um caminho a ser seguido no exercício de sua ação pastoral: ela precisa manter-se longe da uniformidade, pois esta minimiza a originalidade, a diversidade e a riqueza dos dons do Espírito Santo. Ao mesmo tempo, é preciso tomar distância de atitudes extremistas, capazes de ameaçar sua comunhão diante das normais tensões que possam surgir nas relações entre carismas e ministérios diversos. A uniformidade empobrece e envelhece, conduzindo gradualmente à morte; a diversidade, quando acolhida, enriquece e revitaliza, possibilitando uma ação pastoral rica, capaz de responder aos desafios e às necessidades que apelam à Igreja como sacramento universal de salvação. O mesmo Espírito que distribui uma diversidade de dons é o Espírito da unidade e da comunhão.

3.5 Igreja missionária

O fato de refletir sobre a dimensão missionária da Igreja nos coloca, necessariamente, em contato com três documentos de fundamental importância para o tema: a Exortação Apostólica *Evangelii Nuntiandi* (EN), do Papa Paulo VI (1975); a Carta Encíclica *Redemptoris Missio* (RM), do Papa João Paulo II (1990); e a Exortação Apostólica *Evangelii Gaudium* (EG), do Papa Francisco (2013). Embora a apresentação que faremos a seguir seja breve, ela nos mostra uma riqueza ímpar contida nesses documentos pontifícios, todos eles eminentemente pastorais; nos primeiros parágrafos, manifestam sua intenção de confirmar e encorajar a Igreja na sua missão evangelizadora. Para os que se perguntam se ainda vale a pena manter o empenho na evangelização, Paulo VI afirma que o anúncio do Evangelho é um serviço prestado não apenas aos cristãos, mas a toda a humanidade (EN, n. 1). João Paulo II, depois de asseverar que a missão renova a própria Igreja pelo fato de que "**É dando a fé que ela se fortalece**" (RM, n. 2, grifo do original), afirma que o anúncio de Jesus Cristo constitui o primeiro serviço que a Igreja pode prestar à humanidade. O Papa Francisco, por sua vez, dirige-se a todos os cristãos para convidá-los a uma nova etapa evangelizadora, marcada pela alegria que brota do encontro com Jesus Cristo (EG, n. 1).

A reflexão sobre a evangelização nos leva necessariamente a colocar, no centro de nossa atenção, a pessoa de Jesus Cristo. De suas próprias palavras, entendemos que o motivo de sua vinda entre nós é a missão de anunciar a Boa-Nova do Reino de Deus. O Reino, para Jesus, tem uma importância singular: Ele pede aos discípulos que o busquem acima de tudo, e o demais lhes será dado por acréscimo (Mt 6,33); é como um grande tesouro, pelo qual vale a pena desfazer-se de tudo o que se tem (Mt 13,44-46). Foi para anunciar o Reino que Jesus disse ter sido enviado pelo Pai[14] e consagrado pelo Espírito[15]. Toda a sua vida é marcada por essa missão: seus gestos e suas palavras; a escolha e o envio dos discípulos; sua morte e sua ressurreição; e sua contínua presença

---

14 Quando percebe que as pessoas querem assegurá-lo em Cafarnaum, afirma: "Devo anunciar também a outras cidades a Boa Nova do Reino de Deus, pois é para isto que fui enviado" (Lc 4,43).

15 "O Espírito do Senhor está sobre mim, porque ele me ungiu para evangelizar os pobres" (Lc 4,18).

entre os seus. Se Evangelho quer dizer Boa-Nova e se a Boa-Nova de Deus é o próprio Jesus, é preciso dizer que Ele é o próprio Evangelho de Deus. Portanto, anunciar o Evangelho significa, antes de mais nada, anunciar Jesus Cristo. Ele precisa estar no centro de toda ação evangelizadora. É Ele o Bom Pastor, que conhece suas ovelhas e dá a vida por elas. Em consequência, é Ele também o modelo de evangelizador a ser seguido (EM, n. 7).

Com tudo o que foi dito, certamente você se deu conta da centralidade da pessoa de Jesus: ao mesmo tempo que Ele é o evangelizador por excelência, é a Boa-Nova a ser anunciada, e é com Ele que o Reino se faz presente entre nós (Lc 17,20-21).

Se, com razão, falamos que toda a vida de Jesus está marcada pela missão, podemos dizer o mesmo da Igreja. Ela nasce da ação evangelizadora de Jesus e de seus discípulos. Aqueles que acolhem a Boa-Nova se acrescentam aos demais, formando comunidade (At 2,41-47). Nascida da evangelização, a Igreja é envolvida no grande projeto de Deus, tornando-se comunidade evangelizadora. É ela que fica no mundo quando o Senhor volta para o Pai; d'Ele recebe um mandato próprio: "Ide por todo o mundo, proclamai o Evangelho a toda a criatura" (Mc 16,15). Pedro (1Pe 2,9) refere-se à Igreja como propriedade particular de Deus, chamada a proclamar as maravilhas daquele que a chamou. Paulo diz não haver nenhum motivo para gloriar-se pelo fato de anunciar o Evangelho, pois entende que esse é seu dever. Com base nesses textos bíblicos, o Papa Paulo VI conclui: "a tarefa de evangelizar todos os homens constitui a missão essencial da Igreja [...] a sua mais profunda identidade" (EN, n. 14).

Evangelizadora, a Igreja precisa ser evangelizada. Ela necessita fazer permanente memória das razões de sua esperança e das maravilhas de Deus que a conduziram à fé e continuamente ser convocada e reunida de novo por Ele: "é o mesmo que dizer que ela tem sempre necessidade de ser evangelizada, se quiser conservar frescor, alento e força para anunciar o Evangelho" (EN, n. 15). Ao homem geraseno, que, depois da experiência de salvação, manifestou seu desejo de unir-se ao grupo itinerante dos discípulos, Jesus diz: "Vai para a tua casa e para os teus e anuncia-lhes tudo o que fez por ti o Senhor na sua misericórdia" (Mc 5,19). É da experiência da alegria que brota do encontro com o Senhor que comunica a vida, que nasce a ação evangelizadora. A Igreja e cada um de seus membros, em comunhão com ela, não são chamados a anunciar uma doutrina, um mero ensinamento ou uma ideologia. Ela é chamada, sim, a anunciar as maravilhas que o Senhor ressuscitado, pela ação do seu Espírito, realiza continuamente em sua vida. É a alegria do encontro com o Senhor que contagia: "Muitos samaritanos daquela cidade creram nele, por causa da palavra da mulher que dava testemunho: 'Ele me disse tudo o que fiz!'" (Jo 4,39).

O Papa Francisco recorda que os cristãos têm o dever de anunciar o Evangelho a todos, sem excluir ninguém. Esse anúncio deve ser feito "não como quem impõe uma nova obrigação, mas como quem partilha uma alegria, indica um horizonte estupendo, oferece um banquete apetecível. A Igreja não cresce por proselitismo, mas 'por atração'" (EG, n. 14). O papa convoca a Igreja a estar em estado permanente de missão com a alegria que nasce do encontro pessoal com Jesus Cristo (EG, n. 3). A missão é um constante estímulo para que não nos acomodemos na mediocridade, mas busquemos crescer sempre em nossa fé (EG, n. 121).

Paulo VI (EN, n. 15) chama a atenção para alguns elementos da espiritualidade pastoral. A evangelização não é algo individual, mas comunitário, ou seja, é missão da Igreja. É ela quem confere o mandato, que, por sua vez, recebeu de Jesus. Assim, quando um cristão, num lugar mais remoto, anuncia o Evangelho, reúne sua pequena comunidade ou administra um sacramento, está realizando um ato eclesial (EN, n. 35). Enviados pela comunidade, seus membros vivem a ação pastoral em atitude de serviço a Deus: não pregam suas palavras, mas um Evangelho do qual não são senhores e proprietários, porém servidores chamados a transmiti-lo com a máxima fidelidade. A comunhão do evangelizador com a comunidade e a atitude de serviço ao Evangelho são elementos essenciais de sua espiritualidade pastoral.

A evangelização é uma ação rica, complexa e dinâmica. É preciso partir de uma compreensão ampla, capaz de considerar o todo. Visões parciais que supervalorizam alguns elementos e desconsideram outros levam a uma postura fragmentária, que a empobrece e a mutila[16]. Pode-se "definir a evangelização em termos de anúncio de Cristo àqueles que o desconhecem, de pregação, de catequese, de batismo e de outros sacramentos que hão de ser conferidos" (EN, n. 17). Ela não se limita ao anúncio; é preciso aprofundamento da fé por meio da pregação, da catequese, da teologia e da vida sacramental. A evangelização alcança realmente profundidade quando o Evangelho penetra na vida das pessoas a ponto de "pelo seu influxo transformá-las a partir de dentro e tornar nova a própria humanidade" (EN, n. 18). Como você pode perceber, a evangelização alcança seu objetivo quando penetra profundamente na mente e no coração das pessoas, a ponto de suscitar mudanças na sua forma de pensar, de sentir, de agir e de ser.

Mais do que a quantidade, é preciso considerar a qualidade; a evangelização deve chegar ao coração das pessoas e das culturas:

> para a Igreja não se trata tanto de pregar o Evangelho a espaços geográficos cada vez mais vastos ou populações maiores em dimensões de massa, mas de chegar a atingir e como que a modificar pela força do Evangelho os critérios de julgar, os valores que contam, os centros de interesse, as linhas de pensamento, as fontes inspiradoras e os modelos de vida da humanidade, que se apresentam em contraste com a Palavra de Deus e com o desígnio da salvação. (EN, n. 18)

---

16 Paulo VI rejeita visões parciais que evidenciam alguns aspectos em detrimento de outros, como o debate que havia na década de 1970, que chegava à beira de contrapor a evangelização à sacramentalização.

Para explicitar melhor seu pensamento, o papa recorre a uma metáfora: "importa evangelizar – não de maneira decorativa, como que aplicando um verniz superficial, mas de maneira vital, em profundidade e isto até às suas raízes – a civilização e as culturas do homem" (EN, n. 20). Evidentemente, Evangelho e culturas não se identificam, mas, pela perspectiva da EN, somente se pode considerar verdadeira evangelização quando o Evangelho penetra na vida das pessoas e dos grupos humanos a ponto de se tornar fermento de transformação de suas culturas.

O anúncio adquire todo o seu valor somente quando é ouvido, acolhido, assimilado e faz brotar uma adesão do coração (EN, n. 23). Apenas quando a pessoa ou um grupo humano acolhe o Evangelho, disposto a viver a novidade de vida proposta por ele, pode-se dizer que o processo de evangelização atingiu seu objetivo. Para que ele chegue à sua expressão plena, é preciso que aquele que foi evangelizado se torne evangelizador (EN, n. 24).

No entanto, para que o Evangelho seja acolhido, é preciso, antes de mais nada, que ele seja anunciado a todos os povos. Essa é missão da Igreja, que deve buscar sempre formas novas e criativas e, ao mesmo tempo, servir-se dos meios disponíveis em cada momento histórico. Nessa linha, Paulo VI fala da importância do uso dos meios de comunicação social. Tanto para o primeiro anúncio quanto para a catequese ou para o ulterior aprofundamento, a Igreja não pode deixar de se servir deles.

> Postos ao serviço do Evangelho, tais meios são susceptíveis de ampliar, quase até ao infinito, o campo para poder ser ouvida a Palavra de Deus e fazem com que a Boa Nova chegue a milhões de pessoas. A Igreja viria a sentir-se culpável diante do seu Senhor, se ela não lançasse mão destes meios potentes que a inteligência humana torna cada dia mais aperfeiçoados. É servindo-se deles que ela "proclama sobre os telhados", a mensagem de que é depositária. Neles encontra uma versão moderna e eficaz do púlpito. Graças a eles consegue falar às multidões. (EN, n. 45)

Vivemos em uma época em que as palavras e as promessas se multiplicam, sem que haja correspondência com a realidade; a consequência disso é o descrédito nas palavras. Paulo VI chama, então, atenção da Igreja para a importância do testemunho, ao afirmar que o homem contemporâneo ouve mais as testemunhas do que os mestres e, se os escuta, é porque eles são também testemunhas. O testemunho de vida é condição de uma ação pastoral eficaz (EN, n. 41).

Nessa reflexão sobre a missão da Igreja – de anunciar o Evangelho a todos os povos –, precisamos ter muito claro o papel fundamental do Espírito Santo. O Papa João Paulo II, amplamente fundamentado no Novo Testamento, declara-o protagonista de toda missão eclesial (RM, n. 21). O Novo Testamento nos mostra sua presença constante e decisiva na vida de Jesus: desce sobre Ele no momento do batismo, ao mesmo tempo que a voz do Pai proclama: "Este é o meu Filho amado, em quem me comprazo" (Mt 3,17)[17]. É o mesmo Espírito que o conduz ao deserto, antes de iniciar sua missão (Mt 4,1), e é com sua força que Jesus volta para a Galileia, onde dá início à sua pregação (Lc 4,14), que será vivida na presença e na assistência contínua do Espírito (Lc 4,18). Aos discípulos que estava prestes a enviar, disse: "Recebei o Espírito Santo" (Jo 20,22).

Somente depois da vinda do Espírito, no dia do Pentecostes, os Apóstolos partiram para todas as partes do mundo, a fim de começar a grande obra da evangelização. Pedro explica o acontecimento como sendo a realização da profecia de Joel: "derramarei o meu Espírito sobre toda carne" (At 2,17). O mesmo Pedro está cheio do Espírito Santo ao falar ao povo acerca de Jesus, Filho de Deus (At 4,8)[18]. Na casa de Cornélio, faz a surpreendente experiência de ter sido precedido por Ele (At 10). O mesmo Espírito que está nos Apóstolos e os impele a anunciar age nos corações dos que recebem sua palavra (At 10,44). Repleta da "consolação do Espírito Santo", as Igrejas "se edificavam" (At 9,31).

---

17 Tendo recebido o Espírito, Jesus está pronto para iniciar sua vida pública.

18 O mesmo que se diz de Pedro diz-se após de Paulo (At 9,17).

Baseado nessa presença assim tão marcante do Espírito, Paulo VI diz que Ele é a alma da Igreja, pois continua agindo na pessoa dos evangelizadores, dando-lhes a palavra certa para anunciar, e também age no coração dos que ouvem a Palavra, para que possam entender os ensinamentos de Jesus e seu mistério. Essas considerações levam o papa a duas conclusões: as melhores técnicas nunca poderiam substituir a ação do Espírito Santo, e o Espírito é o principal agente da evangelização (EN, n. 75).

O Papa Francisco acena para a ação eficaz de Deus, recorrendo à potencialidade inerente à própria Palavra. Lembra do Evangelho (Mc 4,26-29) que fala da semente, a qual, lançada à terra, cresce por uma força que lhe é própria – enquanto o agricultor dorme – e convida a Igreja a aceitar essa liberdade da Palavra, que é eficaz do seu modo, sob formas tão diversas a ponto de romper com nossas previsões e nossos esquemas (EG, n. 22).

Por meio de uma reflexão fundamentada na palavra de Deus, o papa propõe uma Igreja em saída, cujo ponto de referência é o próprio Jesus. Como semeador, depois de lançar a semente em determinado ambiente, deixava-se conduzir pelo Espírito para outros lugares (Mc 1,38). A comunhão da Igreja com Jesus não é intimista, fechada no próprio grupo, mas itinerante, missionária. Com base nisso, convida a Igreja ao êxodo: sair de si mesma, de sua comodidade, para levar a todas as periferias a luz do Evangelho: "é vital que hoje a Igreja saia para anunciar o Evangelho a todos, em todos os lugares, em todas as ocasiões, sem demora, sem repugnâncias e sem medo. A alegria do Evangelho é para todo o povo, não se pode excluir ninguém; assim foi anunciada pelo anjo aos pastores de Belém" (EG, n. 23). Para fundamentar suas afirmações, o papa faz referência a dois textos bíblicos: "Não temais, pois anuncio-vos uma grande alegria, que o será para todo o povo" (Lc 2,10). O Apocalipse fala de "uma Boa-Nova de valor eterno para anunciar aos habitantes da terra: a todas as nações, tribos, línguas e povos" (Ap 14,6).

O nosso Deus não é alguém acomodado em seu trono, que espera que seus filhos cheguem a Ele. Pelo contrário, é Ele quem toma a iniciativa de ir ao encontro. Como afirma São João (1Jo 4,10), "não fomos nós que amamos a Deus, mas foi Ele quem nos amou" e veio ao nosso encontro de modo eminente, por meio de seu Filho. Podemos recordar aqui toda a reflexão feita com base na imagem de Deus como pastor do seu povo. Ele não fica acomodado com as ovelhas que já estão consigo, mas, incansavelmente, vai em busca daquela que se extraviou. Essa atitude de Deus torna-se modelo para a Igreja, que não pode se acomodar e precisa ir à frente, ao encontro dos que estão afastados; chegar às encruzilhadas; e convidar os excluídos numa atitude de serviço, à imagem do Mestre, que lavou os pés dos seus discípulos (EG, n. 24).

Síntese

A reflexão elaborada neste capítulo nos permite afirmar que a concepção pastoral está intimamente ligada ao modelo eclesiológico com base no qual se pensa a missão da Igreja. Numa perspectiva eclesiológica que evidencia a dimensão da comunhão dos membros do Corpo de Cristo, a ação pastoral é vista como missão de todos, na diversidade de serviços e ministérios. Por sua vez, numa visão eclesiológica que acentua a dimensão institucional e hierárquica, a pastoral é entendida como algo que se refere aos pastores, isto é, aos membros ordenados, ao passo que os demais são considerados sujeitos passivos. Em uma compreensão eclesiocêntrica, a pastoral se resume a ações intraeclesiais. Por outro lado, em uma compreensão da Igreja como sacramento universal de salvação, a ação pastoral é entendida, sobretudo, como serviço para a edificação do Reino de Deus. Ao se reconhecer a dimensão mistérica da Igreja, a ação pastoral é vista como colaboração na missão de Deus, na qual o protagonista é o Espírito Santo. Com a compreensão de sua missionariedade, a Igreja se reconhece como enviada às periferias e às fronteiras do mundo.

Indicações culturais

Artigo

CAVACA, O. Uma eclesiologia chamada Francisco: estudo da eclesiologia do Papa Francisco a partir da *Evangelii Gaudium*. **Revista de Cultura Teológica**, n. 83, ano 22, p. 15-34, jan./jun. 2014. Disponível em: <https://revistas.pucsp.br/index.php/culturateo/article/view/19221>. Acesso em: 28 fev. 2018.

Trata-se de um artigo muito interessante sobre a visão eclesiológica do Papa Francisco e sua compreensão da missão da Igreja.

Vídeo

CONCÍLIO Ecumênico Vaticano II: um novo Pentecostes. São Paulo: Paulinas, 2012. 70 min. Documentário.

Apresenta o contexto eclesial em que João XXIII convocou o Concílio Vaticano II, sua realização e seu significado para a vida da Igreja.

Atividades de autoavaliação

1. A diversidade dos dons do Espírito recebeu tratamentos bem diferenciados ao longo da história do cristianismo. De acordo com o conteúdo deste capítulo, é correto afirmar que, nas comunidades cristãs do tempo dos apóstolos:

   a) a diversidade acabava por sufocar a unidade.

   b) não havia problemas de divisões.

   c) a diversidade de dons era considerada mais importante do que a unidade da comunidade.

   d) os apóstolos zelavam pela unidade no respeito à diversidade de carismas e ministérios.

2. Até a paz constantiniana, a comunidade cristã era vista como um corpo estranho no Império e, por isso, era perseguida. Nesse período, a atenção da Igreja estava na distinção entre ela e o mundo, bem mais que nas distinções entre os membros da mesma comunidade. Em consequência disso, predominava no interior da comunidade eclesial o sentimento de:

   a) distinção entre seus membros.
   b) unidade entre os membros do Corpo de Cristo.
   c) distinção de ministérios e do correspondente grau de autoridade.
   d) competição pelo protagonismo na ação pastoral.

3. Segundo Brighenti (2006), a ação pastoral se desenvolve em três âmbitos principais: o testemunho de vida (*matryria*), a proclamação da fé em Jesus Cristo (*kerigma*) e o ensinamento da Palavra (*didaskalia*). Com relação ao envolvimento da comunidade eclesial na ação pastoral nos primeiros séculos do cristianismo, é correto afirmar:

   a) Os leigos cooperavam com o testemunho de vida, e o anúncio e o ensinamento da Palavra eram reservados aos epíscopos e aos presbíteros.
   b) A ação pastoral como um todo era reservada aos epíscopos e aos presbíteros, e os leigos eram seus destinatários.
   c) Em todos esses âmbitos, havia um empenho sério e entusiasmado de toda a comunidade eclesial.
   d) Os leigos cooperavam com o testemunho de vida e a proclamação da fé em Jesus Cristo, e o ensinamento da Palavra era reservado aos epíscopos.

4. No longo período em que se compreendeu a Igreja, sobretudo, como sociedade perfeita, os leigos:

   a) eram vistos como homens espirituais, ao lado dos clérigos e dos religiosos.

   b) foram, gradualmente, perdendo muitas de suas funções no interior da comunidade.

   c) eram convocados a participar ativamente da missão da Igreja.

   d) eram vistos como membros da Igreja, corresponsáveis pela sua missão.

5. Uma das grandes novidades da Constituição Pastoral *Gaudium et Spes* foi:

   a) acentuar a separação entre Igreja e mundo.

   b) afirmar a radical bondade do mundo criado por Deus.

   c) mostrar a dimensão do pecado vivido pelo mundo.

   d) marcar a distância entre o mundo e a comunidade da salvação.

Atividades de aprendizagem

Questões para reflexão

1. Disponha em uma lista os principais elementos teológicos que levaram a considerar a missão da Igreja algo do clero, e não da comunidade eclesial como um todo.

2. De que modo a recuperação da categoria de Corpo de Cristo na reflexão eclesiológica contribuiu para a maior valorização do leigo na Igreja?

Atividade aplicada: prática

1. A teologia patrística usou a imagem da lua para teologizar sobre a Igreja. Redija um breve texto explicitando de que modo essa imagem ajuda a entender sua identidade e sua missão.

4

A pastoral nos documentos da Igreja

Neste capítulo, apresentaremos as contribuições dos principais documentos da Igreja no que se refere à pastoral. Nosso objetivo é mostrar como o ensinamento do Magistério foi se tornando cada vez mais rico, acolhendo os frutos da reflexão teológica e, ao mesmo tempo, demonstrando sensibilidade diante das mudanças culturais, que suscitaram novas posturas pastorais por parte da comunidade eclesial.

4.1 Contribuição pastoral do Concílio Vaticano II

Escrever sobre a contribuição pastoral do concílio nos leva, em primeiro lugar, a chamar a atenção para os modelos que foram por ele superados. A princípio, trataremos da superação do modelo que vem sendo denominado *pastoral da conservação*, o qual predominou na Igreja ao longo do período da cristandade. Segundo Brighenti (2015), nessa sua forma pré-tridentina, caracterizava-se por uma prática da fé de cunho devocional, que tinha como centro o culto aos santos; nessa configuração, a vivência da fé se dava em torno da paróquia, que acentuava a importância dos sacramentos e a observância dos mandamentos. Certamente, nesse modelo, sentimos falta de uma evangelização que levasse o fiel a confrontar-se continuamente com fontes da vida cristã na sua dimensão trinitária e, de modo particular, com Jesus Cristo, que é, por excelência, a revelação do mistério de Deus e da própria pessoa humana (GS, n. 22). O ponto de partida era a pressuposição de que as pessoas já estavam evangelizadas e, por isso, bastava manter o que já havia sido alcançado. É por essa razão que se chama *pastoral da conservação*.

Em segundo lugar, pode-se falar da superação do modelo apologético, o qual se fortaleceu após a Reforma Protestante e se intensificou nos séculos XIX e XX. A apologia, dirigida inicialmente aos reformadores, expandiu-se também em relação ao mundo moderno. Por séculos, a cultura moderna – que teve sua origem com o movimento renascentista, no final do século XIV – e a Igreja caminharam lado a lado, num clima de mútua hostilidade, sem que houvesse atitude de diálogo, tanto de uma parte quanto de outra. De sua parte, os modernistas tratavam com desprezo qualquer manifestação religiosa, vendo nela resquícios da Era das Trevas[1]. A Igreja, por sua vez, tinha uma visão negativa do mundo e condenava, sobretudo, as manifestações de ateísmo.

É justamente nesse campo que aparece uma das grandes contribuições do Concílio Vaticano II para a pastoral. No dia 25 de janeiro de 1959, o Papa João XXIII anunciou sua decisão de convocar um concílio ecumênico. Escolheu para isso a Basílica de São Paulo, fora dos muros de Roma. O local tem um forte significado, visto que Paulo é denominado o *Apóstolo das Nações*, pelo papel decisivo que exerceu na abertura da Igreja para o mundo. O local do anúncio tem, portanto, uma dimensão simbólica. O Cardeal Hummes (2005) nota que a preocupação do papa era justamente abrir as portas da Igreja, entendendo que ela não poderia viver paralelamente ao mundo e, muito menos, de costas para ele. Pelo contrário, devia aproximar-se dele e, mais do que isso, inserir-se nele com uma atitude não mais de condenação, mas de diálogo, a exemplo de Jesus, o Bom Pastor que não veio para julgar o mundo, mas para salvá-lo (Jo 12,47; Jo 3,17). Para João XXIII, a missão pastoral não permite que a Igreja fique à espera do retorno das ovelhas dispersas e perdidas; pelo contrário, precisa ir ao encontro delas. Era necessário, portanto, que a Igreja se lançasse no meio do mundo moderno, que, em amplos setores, se mostrava indiferente, e até mesmo hostil, à fé cristã.

Esse espírito foi amplamente acolhido pelo Concílio Vaticano II, de modo particular na Constituição Pastoral *Gaudium et Spes* – GS (*Alegria e Esperança*), ao afirmar a radical bondade do mundo criado por Deus; ao manifestar a cordialidade da Igreja em relação às realidades do mundo e do homem; ao demonstrar sua atitude de diálogo e proximidade pastoral em relação ao mundo, valorizando as grandes conquistas da modernidade, expressas na ciência e na tecnologia (GS, n. 15); e ao mostrar apreço pelos valores que o mundo moderno tinha em grande consideração, entre eles a subjetividade humana, que se expressa na

---

1 Essa expressão representa o modo pejorativo como a intelectualidade moderna olhava para a Idade Média.

liberdade e na autonomia do homem na construção de si mesmo e da história da humanidade, bem como na possibilidade de decidir livremente, com base na própria razão e consciência. Ao mesmo tempo, o concílio, em atitude pastoral, busca mostrar que razão e fé não se opõem uma à outra, assim como a ciência não se opõe à religião[2] e a fé em m um Deus transcendente não se opõe à liberdade humana, mas, pelo contrário, devolve-lhe o sentido mais profundo (Hummes, 2005).

É fácil compreender como essa visão do concílio trouxe uma nova postura pastoral, marcada pela atitude humilde de quem sabe que tem muito para ensinar e também para aprender. Da mesma forma como o verdadeiro pastor, como é descrito na Sagrada Escritura, conhece suas ovelhas e participa da vida delas, o concílio quer uma Igreja próxima e sensível aos dramas e às conquistas do homem contemporâneo: "As alegrias e as esperanças, as tristezas e as angústias dos homens de hoje, sobretudo dos pobres e de todos aqueles que sofrem, são também as alegrias e as esperanças, as tristezas e as angústias dos discípulos de Cristo; e não há realidade alguma verdadeiramente humana que não encontre eco no seu coração" (GS, n. 1).

Outra contribuição significativa do Concílio Vaticano II em relação à pastoral foi a superação do eclesiocentrismo, em favor da redescoberta de sua vocação de ser sacramento universal da salvação. Essa postura ampliou os horizontes para a comunidade eclesial, o que a levou a um maior diálogo com outras religiões, ao reconhecer que o Deus Trindade, ao mesmo tempo que se serve dela para oferecer a salvação a todos os homens, não depende dessa comunidade. A salvação trazida por Cristo, pela ação do Espírito, ultrapassa os limites da sua ação pastoral. O concílio reconhece toda a importância da Igreja, mas a relativiza, na

---

2 A atitude hostil entre a Igreja e o mundo, bem como entre a religião e a ciência, desgostava profundamente o grande intelectual do século XX, falecido em 1955, Teilhard de Chardin (2010). Ultimamente, duas obras ampliam a relação entre ciência e religião: *Ciência e religião*, de Harrison (2014), e *Em defesa de Deus*, de Armstrong (2011).

medida em que Deus pode se servir de outros meios para que sua salvação alcance toda a humanidade.

O ponto de referência fundamental para pensar sua pastoral é a missão da Trindade, encarnada na vida e no ministério de Jesus[3]. Isso nos permite dizer que, do mesmo modo que o Reino de Deus constitui o núcleo ao redor do qual gravitam a pregação e a atividade de Jesus, o Reino é o horizonte último de compreensão da identidade e da missão da Igreja (Almeida, 2004). Ela não é o Reino, pois, certamente, o Reino está presente nela, porém também fora dela. No entanto, a Igreja está a serviço do Reino, que é, na verdade, sua razão de ser. Em outras palavras, ela não existe para si, pois sua única razão de ser está em sua missão (AG, n. 2): aqui se compreende sua verdadeira ministerialidade. O absoluto é o Reino e é ele que dá sentido à Igreja como tal e a toda a sua ação pastoral. Essas ideias precisam estar muito claras quando se projeta a referida ação. Quando se põe a Igreja ao centro, ela perde sua razão de ser e facilmente torna-se instrumento de poder e dominação.

Como consequência disso, podemos dizer que os objetivos últimos de todo e qualquer projeto pastoral (nacional, regional, diocesano ou paroquial) não são os interesses internos da Igreja, mas sua missão de ser sacramento universal de salvação. Nesse âmbito, compreende-se também o conjunto de ações da Igreja, que tem com objetivo a construção da própria comunidade cristã, com seu esforço por manter viva a fé de seus membros, bem como por oferecer uma formação cada vez mais aprofundada, de modo que os ministros ordenados e seus fiéis possam contribuir mais eficazmente para a missão, em suas diversas manifestações. A meta última, entretanto, não está voltada para si, mas para a missão de levar a todos a salvação oferecida por Deus, de modo que possam ter vida em abundância. Este deve ser também o objetivo

---

3 Hoss e Pereira (2016, p. 250) esclarecem que, desde o início, "a Igreja entendeu que sua principal missão era o anúncio da Boa-Nova de Jesus Cristo, conforme o relato evangélico 'Ide por todo mundo e pregai o Evangelho a toda a criatura' (Mc 16,15)".

primeiro de todo planejamento pastoral e o ponto central com base no qual a ação evangelizadora da Igreja é avaliada[4].

Outra contribuição significativa do Concílio Vaticano II para a pastoral ocorreu pelo resgate da compreensão eclesiológica da Igreja--comunhão. É importante que você se dê conta de que, quando usamos a expressão *Igreja universal* para nos referirmos à Igreja Católica na sua totalidade, estamos diante de um conceito apenas. Concretamente, a Igreja universal caracteriza-se como a comunhão de igrejas particulares[5], presididas por seu bispo. Cada uma tem problemas, desafios, tradições, ritos e características próprios, e elas estão encarnadas nas mais diversas realidades, num mundo marcado pela pluralidade. Elas apresentam-se com rostos diversos, justamente porque são expressão das mais diversas culturas e tradições.

Para realizar sua missão de sacramento universal de salvação, a Igreja precisa viver a unidade na pluralidade. Essa consciência a levou a redescobrir a importância das igrejas particulares, com culturas e tradições próprias, e, em consequência, a importância de cada uma delas ter um rosto próprio, reflexo da realidade em que está inserida. Isso implica que as decisões e orientações que têm validade universal sejam adaptadas às realidades concretas das igrejas particulares.

Uma importante colaboração do Concílio Vaticano II, além da nova concepção eclesiológica, que resgata a imagem da Igreja-comunhão, ocorreu no âmbito da colegialidade. Como afirma Conrado (2013), a renovação teológico-pastoral provocada pelo concílio levou a uma reapropriação[6] e a um aprofundamento da colegialidade da Igreja. Esta

---

4 Ter clareza sobre esses conceitos ajuda a Igreja a superar comportamentos mesquinhos que, às vezes, se fazem presentes no interior da comunidade, como a disputa por espaços de poder e a competição, que provocam desgaste de energia em conflitos inúteis.

5 Por igrejas particulares entende-se a porção do Povo de Deus "unida a seu Pastor e por ele congregada no Espírito Santo mediante o Evangelho e a Eucaristia [...] na qual verdadeiramente está e opera a Una Santa Católica e Apostólica Igreja de Cristo" (CD, n. 11).

6 A expressão *reapropriação* é adequada para indicar como a colegialidade nunca deixou de existir na Igreja, até mesmo na Idade Moderna, quando a dimensão hierárquico-institucional foi demasiadamente acentuada. É preciso admitir, porém, que seu exercício ficou muito restrito.

resultou do novo entendimento das relações entre Igreja universal e igrejas particulares, bem como da compreensão da Igreja como Corpo de Cristo. Se levarmos a sério o fato de que o ser e o agir da Igreja têm como ponto de partida a igualdade fundamental que desabrocha do batismo, concluiremos que todos têm o direito e o dever de participar ativamente da vida da Igreja. A corresponsabilidade exige colegialidade, pois os membros que são corresponsáveis pela comunidade eclesial precisam participar de sua reflexão, do processo de tomada de decisões e da programação pastoral de tudo o que se refere à vida e à missão da Igreja.

O concílio tratou da colegialidade no seu grau mais alto: dos bispos com o papa, que é o cabeça do colégio. Com base nessa reflexão, foi instituído o sínodo dos bispos, o qual se revela um instrumento eficaz para discutir e abordar, de forma ampla, os problemas relevantes da evangelização. Outras instituições já existentes, como as conferências regionais e nacionais, certamente se sentiram fortalecidas pela reflexão conciliar.

Contudo, para que o modelo eclesial do Povo de Deus se realize na prática, é necessário que a colegialidade alcance todos os setores da Igreja: as dioceses, entre si e na sua relação com a Igreja universal; as paróquias que compõem uma mesma diocese; e as comunidades que formam uma mesma paróquia. Além disso, dentro de cada centro, as relações devem ser definidas com base na igualdade batismal e na colegialidade, que concretiza a corresponsabilidade.

O concílio apontou um novo modo de ser e de agir na Igreja e, como afirma Conrado (2013), cabe a ela encontrar formas concretas de atualizá-lo, acomodando suas instituições a formas novas de governo que permitam o exercício da colegialidade. Como se pode compreender, com base nesse caminho aberto pelo concílio, torna-se impensável uma programação pastoral realizada de cima para baixo, pensada e definida pela autoridade sem uma real participação dos membros do Corpo de Cristo. Conrado (2013) afirma que se percebem gradual implementação na Igreja do princípio da colegialidade e um aprendizado sobre como realizar uma pastoral de conjunto, com respeito a opiniões diferentes, por meio dos sínodos, das conferências episcopais e dos diversos organismos e conselhos diocesanos e paroquiais. A colegialidade, que é um dever dos sucessores dos Apóstolos[7], torna-se obrigação de todos os batizados, membros do Corpo de Cristo, fiéis e presbíteros.

Outra novidade importante do ponto de vista pastoral nasce das perspectivas ecumênicas, abertas pela compreensão que o concílio teve da categoria *Igreja Corpo de Cristo*. Cabe ressaltar que, ao identificar a Igreja como Corpo de Cristo, o concílio em nenhum momento entendeu que ele seria representado unicamente pela Igreja Católica Romana, como o tinha feito a *Mystici Corporis*. O Corpo de Cristo é formado, sim, pela Igreja Católica, mas também por outras igrejas que professam sua fé em Jesus Cristo. Com base nessa compreensão, o concílio superou a visão de comunhão eclesial baseada puramente em concepções jurídicas para admitir um conceito mais amplo, como a comunhão sacramental com outras Igrejas que têm seus sacerdotes e bispos legitimamente ordenados[8].

4.2 A pastoral nas conferências gerais do episcopado latino-americano e caribenho

De forma breve, identificaremos as principais contribuições das primeiras quatro conferências gerais do episcopado latino-americano e

---

7 O concílio fala dos "Bispos, sucessores dos Apóstolos, que junto com o Sucessor de Pedro, Vigário de Cristo e Cabeça visível de toda a Igreja, regem a casa de Deus vivo" (LG, n. 18).

8 Para uma síntese da pluralidade da Igreja apresentada pela *Lumen Gentium*, consulte Vagaggini (1973, p. 126-128).

caribenho. A Conferência de Aparecida será tratada à parte, na seção seguinte. Todas elas foram eminentemente pastorais, ou seja, buscavam encontrar caminhos para responder aos desafios pastorais do continente. A primeira conferência, convocada pelo Papa Pio XII, em 29 de junho de 1955, foi realizada na cidade do Rio de Janeiro, com o objetivo de elaborar métodos concretos de pastoral para responder, com solicitude e competência, às necessidades pastorais da Igreja. A conferência teve como tema *A evangelização como defesa da fé e das vocações e a preparação do clero*. Uma de suas contribuições foi a criação da Conferência Episcopal Latino Americana (Celam), autorizada por Pio XII.

Essa conferência deu maior atenção aos temas referentes à vida interna da Igreja, e os assuntos de cunho social foram tratados de forma mais rápida. Uma das grandes preocupações do episcopado na época era a escassez de sacerdotes. Em resposta a isso, a conferência estabeleceu como uma de suas prioridades um trabalho intenso e organizado em favor das vocações sacerdotais e religiosas. Ao mesmo tempo, não deixou de valorizar os leigos, de modo particular os que atuavam em organizações apostólicas, como as associações ligadas à Ação Católica[9]. Do ponto de vista social, havia preocupação diante da condição de deplorável pobreza em que vivia boa parte dos habitantes do continente. O episcopado buscava dar respostas a essa problemática, atuando em três frentes: iluminação, pela difusão da doutrina social da Igreja; educação, com as escolas católicas e do ensino religioso; ação, sobretudo do laicato católico, instruído e bem-formado.

Realizada antes do Concílio Vaticano II, essa conferência, normalmente pouco mencionada, deixou contribuições significativas.

---

9 A Ação Católica foi iniciada no Brasil por Dom Sebastião Leme, na década de 1920, com o objetivo de incrementar a participação dos leigos na Igreja. Contava com movimentos de juventude e de adultos, femininos e masculinos, como: Homens da Ação Católica (HAC), Liga Feminina da Ação Católica (LFAC), Juventude Católica Brasileira (JCB) e Juventude Feminina Católica (JFC). No setor da juventude, surgiram as primeiras subdivisões, que já indicavam uma especialização: a Juventude Estudantil Católica (JEC), a Juventude Operária Católica (JOC) e a Juventude Universitária Católica (JUC).

A primeira delas vem do fato de que ela representa um grande passo na unidade da ação pastoral da Igreja latino-americana. Com base na doutrina social da Igreja, a primeira conferência latino-americana influenciou temas da atualidade, como a pastoral indigenista, os conselhos de Justiça e de Paz e a forte inserção dos leigos como agentes de evangelização no mundo do trabalho e da política (Souza, 2008).

A segunda Conferência Geral do Episcopado Latino-Americano foi realizada em 1968, na cidade de Medellín, na Colômbia, tendo como tema *A Igreja na atual transformação da América Latina à luz do concílio.* Desenvolveu três grandes temas: promoção humana; evangelização e crescimento na fé; e Igreja vivível e suas estruturas.

Servindo-se do método *ver, julgar e agir* [10], essa conferência preparou, inicialmente, um estudo da realidade, dos pontos de vista econômico, político, social e eclesial. Num segundo momento, buscou identificar as interpelações que nasciam dessa realidade e analisá-las à luz da palavra de Deus, do ensinamento do Magistério e, sobretudo, do Concílio Vaticano II [11]. Em um terceiro momento, elaborou propostas pastorais, com vistas à transformação da realidade e à libertação dos pobres, tendo como horizonte último o Reino de Deus.

Diante do clamor dos pobres, os bispos esboçaram uma resposta: "Queremos que a Igreja da América Latina seja evangelizadora e solidária com os pobres, testemunha do valor dos bens do Reino e humilde servidora de todos os homens de nossos povos" (Med, n. XIV, 7).

Diversos foram seus legados: formação e organização das Comunidades Eclesiais de Base (CEBs), que, intentando integrar a fé na vida

---

10 O primeiro passo – ver – indica uma análise da realidade. O ponto de partida da reflexão do episcopado é a realidade latino-americana com os desafios que apresenta à evangelização. O segundo passo – julgar – significa apresentar juízos de valor sobre essa mesma realidade, a partir dos critérios da fé. O terceiro passo – agir – se coloca no âmbito do projeto pastoral que o episcopado propõe com vistas à transformação da realidade.

11 "Um surdo clamor nasce de milhões de homens, pedindo a seus pastores uma libertação que não lhes chega de nenhuma parte. 'Agora nos estais escutando em silêncio, mas ouvimos o grito que sobe de vosso sofrimento', disse o papa aos camponeses colombianos" (Med, 14,2).

e na história, buscavam nela os princípios e os valores fundamentais para a construção de uma nova sociedade, mais justa e fraterna. Foram marcantes também sua opção pelos pobres e a consciência da necessidade de transformações estruturais que permitissem a superação dos graves problemas sociais. A conferência foi ainda um marco para o nascimento de um pensamento teológico latino-americano, vivido na forma de seguimento a Jesus, na ação pastoral, e elaborado na Teologia da Libertação (Souza, 2008).

A terceira Conferência Geral do Episcopado Latino-Americano, realizada na cidade de Puebla, no México, no ano de 1979, teve como tema *A evangelização no presente e no futuro da América Latina*. Tratou da identidade da Igreja e de sua missão de proclamar o Evangelho ao povo latino-americano, ao mesmo tempo rico de esperança e torturado pelo desprezo e pela opressão, que lhe usurpavam sua dignidade.

Essa conferência deu continuidade ao esforço da Igreja latino-americana de traduzir para sua realidade o Concílio Vaticano II, mas teve como pano de fundo a Exortação Apostólica *Evangelli Nuntiandi* – EN (1975), do Papa Paulo VI. Suess (2007, p. 152-155) vê nas palavras *assunção*, *comunhão* e *participação* os eixos programáticos da conferência.

Puebla (n. 386-387) assume um conceito amplo de cultura, entendendo-a como "a maneira particular como em determinado povo cultivam os homens sua relação com a natureza, suas relações entre si próprios e com Deus". Nessa relação com as culturas, o termo *assunção* não se refere a quem recebe o anúncio, mas à atitude que se espera do evangelizador para que seu anúncio possa ser bem acolhido. Trata-se, portanto, da assunção da cultura do grupo humano a quem se deseja comunicar o Evangelho – assumir no sentido de aprender e, de certa forma, torná-la própria: aprender seus códigos, sua língua e suas linguagens, sua forma de expressão. É o princípio da Encarnação, que fez com que o Filho de Deus assumisse nossa realidade, para falar nossa língua e se comunicar de maneira que sua mensagem pudesse soar de forma significativa ao coração humano. Esse desejo da Igreja da América Latina de ir ao encontro dos povos onde eles se encontram se expressa na liturgia, nos ministérios e na assunção da religiosidade popular (Suess, 2008).

No período pós-conciliar, não faltaram resistências à categoria *Igreja Povo de Deus*, por considerarem-na demasiadamente sociológica. Em seu lugar, propuseram a Igreja Comunhão. Puebla acolhe esse novo conceito, mas sem abandonar o de Povo de Deus. Compreende a comunhão não num sentido intimista, mas com base nas relações trinitárias, que unem as pessoas divinas entre si no amor. Esse amor, porém, transborda sobre todas as criaturas e se transforma em missão, na qual as três pessoas estão profundamente empenhadas. Puebla toma as relações divinas como fontes inspiradoras e orienta a comunidade eclesial para que fundamente a relação entre os membros na comunhão com Deus em Cristo e para que assuma um modo de vida que possa inspirar transformações com vistas a uma sociedade mais humana. Seu estilo de vida inspira uma nova relação com os bens materiais e uma nova forma de exercício da autoridade, a qual deve ser exercida com o espírito do Bom Pastor (Pb, n. 273). O conceito de *comunhão* foi entendido na Igreja latino-americana em sua conotação ampla, que envolve as dimensões social, política e econômica (Pb, n. 215), bem como o diálogo com quem tem uma postura diferente com relação à fé – os cristãos não católicos, os não cristãos e os não crentes – a fim de unir as forças na construção de um mundo para todos (Pb, n. 1098). O documento convida a Igreja a abandonar posturas fechadas que tendem a colocá-la ao centro. Indica como seu referencial primeiro a pessoa de Jesus Cristo, cuja mensagem tinha como foco a proclamação do Reino já presente, mas que, ao mesmo tempo, caminha para sua plenitude (Pb, n. 227).

Dando continuidade à caminhada da Igreja iniciada em Medellín, o episcopado latino-americano faz da opção preferencial pelos pobres o eixo articulador de sua reflexão em Puebla. É a ótica que permite uma visão unitária de sua reflexão e, como afirma Santos (2002), é a alma de todo o documento. A situação da América Latina é caracterizada como "extrema pobreza generalizada" (Pb, n. 31). O termo *pobre* ganha contornos mais definidos do que em Medellín, pois se concretiza nas feições de crianças golpeadas pela pobreza; de jovens desorientados por não encontrarem seu lugar na sociedade; de indígenas e de afro-americanos que vivem em situações desumanas; de camponeses explorados; de operários malremunerados; de marginalizados, amontoados nas cidades; e de anciãos, postos à margem da sociedade (Pb, n. 32-39).

Puebla não apenas faz uma opção pelos pobres, mas com os pobres, pois não os vê apenas como destinatários da evangelização, mas como sujeitos. Reconhece neles autênticos evangelizadores, pela forma como vivem os valores evangélicos da "solidariedade, serviço, simplicidade e disponibilidade para acolher o dom de Deus" (Pb, n. 147). Tudo o que foi dito dos pobres vale para os jovens: "A Igreja vê na juventude da América Latina um verdadeiro potencial para o presente e o futuro de sua evangelização" (Pb, n. 1186). É por isso que Puebla convoca os pobres e os jovens a ter uma participação ativa na ação evangelizadora da Igreja, para "serem fermento no mundo e [...] participarem como construtores duma nova sociedade". Além disso, afirma que todos "devem ser germe, luz e força transformadora" (Pb, n. 1133). Confirma a caminhada iniciada pelo Concílio Vaticano II e ratificada por Medellín, que protagonizou uma grande mudança no exercício da autoridade, acentuando seu caráter de serviço e sacramento, além de sua dimensão colegial, a qual encontrou sua expressão nos conselhos presbiteriais e nas conferências episcopais (Pb, n. 260).

A quarta Conferência Geral do Episcopado Latino-Americano foi realizada no ano de 1992, na cidade de Santo Domingo. Nela, se encontraram duas visões eclesiológicas diferentes. A primeira estava em continuidade com Medellín e com Puebla, que marcaram a Igreja latino-americana e caribenha com a tônica da libertação. A segunda apresentava maior preocupação em manter fidelidade à Tradição e a tudo o que compõe a identidade eclesial e o conteúdo da fé que é chamada a preservar. Esta tendência se apresentou sob o signo da nova evangelização. As conclusões de Santo Domingo mostram uma fusão entre as duas tendências, dando origem, assim, à nova evangelização latino-americana. Esse confronto ajuda a entender a substituição do termo *libertação* pela expressão *promoção humana* (Souza, 2008).

Uma das principais preocupações da Conferência de Santo Domingo foi a falta de coerência dos cristãos em sua vivência, isto é, entre fé e vida, em parte motivada por uma ausência de formação (SD, n. 44). Esse fato gera questionamentos incisivos: Como é possível tanta injustiça entre uma população eminentemente cristã? Essa falta de coerência na vida da fé foi apontada como uma das causas da pobreza no continente (SD, n. 161). Diante disso, a conferência confirma a opção evangélica e preferencial – não exclusiva nem excludente – pelos pobres de forma firme e irrevogável, "tão solenemente afirmada nas Conferências de Medellín e Puebla" (SD, n. 178). O modelo é a própria pessoa de Jesus Cristo, que, na sinagoga de Nazaré, afirma ter vindo para evangelizar os pobres (Lc 4,18-19). Ele, sendo rico, fez-se pobre "para nos enriquecer com a sua pobreza" (2Cor 8,9). O exemplo de Jesus desafia toda a Igreja a um "testemunho autêntico de pobreza evangélica em nosso estilo de vida e em nossas estruturas eclesiais, tal qual Ele fez" (SD, n. 178).

O episcopado reconhece que há uma série de situações que desafiam a atividade evangelizadora da Igreja no continente: o direito de cada pessoa de ser reconhecida na sua dignidade (SD, n. 164-168); as questões que envolvem o cuidado da natureza, lugar da presença de Deus (SD, n. 169-170); a terra como direito de todos (SD, n. 171-177); os problemas do empobrecimento da população latino-americana e caribenha (SD, n. 178-181); o problema do desemprego e das condições de trabalho

(SD, n. 182-185); as questões que envolvem o desenvolvimento democrático (SD, n. 190-193); e os problemas da família (SD, n. 210-227). Toda essa realidade precisa receber uma adequada atenção na ação evangelizadora da Igreja no continente.

Diante desses imensos desafios, Santo Domingo propõe uma nova evangelização, entendida como inculturação dos valores do Reino de Deus na cultura dos evangelizados, tendo como referencial por excelência a pessoa de Jesus Cristo nos grandes mistérios da salvação. Em primeiro lugar, a Encarnação, que chama a atenção para a importância de os agentes da evangelização se fazerem próximos, aprenderem a linguagem, conhecerem a sensibilidade e partilharem a vida com aqueles a quem anunciam, para que o anúncio possa ser compreendido e acolhido. Em segundo lugar, a Páscoa, pela qual se celebra a paixão, a morte e a ressurreição: a ação evangelizadora precisa inserir-se na realidade das pessoas, não raro marcadas também pelo sofrimento, para conduzi-las à luz da ressurreição. Em terceiro lugar, Pentecostes, que permite a todos que entendam, em sua própria língua, as maravilhas de Deus (SD, n. 230).

A ação evangelizadora da Igreja não se dirige a um ser humano abstrato, mas ao ser concreto e histórico. Quando este se encontra em situação de pobreza e marginalização, em seus diversos níveis, como é o caso de boa parte da população da América-Latina e do Caribe, a promoção humana torna-se elemento essencial da evangelização, a qual compreende a libertação integral das pessoas. A conferência convida a Igreja a assumir o papel do bom samaritano (Lc 10,25-37), em quem o amor a Deus se concretiza no amor à pessoa humana (SD, n. 13). A ação evangelizadora inculturada reconhece os valores do Evangelho já presentes nas culturas (GS, n. 57; Pb, n. 401). Na América Latina e no Caribe, a meta da ação evangelizadora inculturada é a salvação e a libertação integral de determinado povo ou grupo humano (SD, n. 243).

Para entender a inculturação do Evangelho, podemos usar como analogia a música. Em qualquer lugar, ela conta com as mesmas sete notas, mas as possibilidades de variação – seja na melodia, seja no ritmo – são infinitas. O mesmo Evangelho também pode ser vivido de formas muito diversas, em virtude da diversidade cultural que se expressa na vida dos diferentes grupos sociais.

Santo Domingo propôs as igrejas particulares, sob a coordenação dos bispos e com a participação ativa de todo o Povo de Deus, como as protagonistas da inculturação do Evangelho. São os evangelizadores locais que conhecem de perto a vida, a cultura e os problemas do seu povo (SD, n. 55). Para que isso aconteça, é fundamental que tanto a reflexão teológica quanto a formação do clero – e, por extensão, todos os agentes de pastoral – sejam inculturadas (SD, n. 177; 84).

4.3 A pastoral no documento de Aparecida

A quinta Conferência do Episcopado Latino-Americano, realizada na cidade de Aparecida, no ano de 2007, apresenta uma reflexão pastoral rica e pertinente ao contexto contemporâneo. Desde o início do documento conclusivo, manifesta clara compreensão dos desafios para a ação evangelizadora da Igreja no continente.

O primeiro desafio é a percepção de que, no contexto atual de globalização, tudo muda com muita rapidez. Essas mudanças, pela sua globalidade (DAp, n. 34), afetam a vida dos mais diferentes grupos sociais (DAp, n. 33), em todos os âmbitos da vida humana, incluindo o religioso (DAp, n. 35). Referindo-se a essa realidade, o documento usa a expressão *mudança de época* para exprimir a extensão e a profundidade dessas mudanças: elas não se limitam à transformação dos aspectos objetivos da realidade, mas alcançam os critérios e os valores com base nos quais ela é avaliada, nem aos aspectos externos, atingindo o íntimo da consciência de cada indivíduo.

Um dos aspectos que a conferência percebe como particularmente significativo para a missão evangelizadora da Igreja é o fato de que, nessa realidade mutante, as tradições culturais não são mais transmitidas de uma geração para outra com a mesma fluidez que ocorria no passado. Isso vale também para a transmissão das tradições religiosas, seja no aspecto dos conhecimentos doutrinais, seja com relação à vivência da fé. "A principal consequência disso está no fato de que os mecanismos culturais que, durante séculos, garantiram a transmissão da fé já não são mais capazes de fazê-lo, pelo menos na intensidade de antes" (Amado, 2008, p. 304).

É evidente que, à medida que os mecanismos tradicionais de transmissão da doutrina religiosa e da vivência da fé perdem sua ascendência sobre as novas gerações, a relação entre Evangelho e cultura se enfraquece na mesma proporção. Como consequência, a Igreja e sua proposta evangélica vão perdendo sua capacidade de incidir sobre os valores e os padrões de comportamento das pessoas (Amado, 2008). Para uma presença incisiva dos cristãos na sociedade, de modo a realizarem sua vocação de ser **sal da terra e luz do mundo**, é preciso pensar em uma ação evangelizadora forte e incisiva.

Aparecida chama a atenção para a urgência de se buscarem caminhos para uma explícita iniciação cristã. É preciso superar posturas pastorais baseadas na manutenção, isto é, de conservação do que existe. Atualmente, não se pode pressupor que as pessoas recebam na sociedade – pela família, pela escola e por outras instituições – uma sólida iniciação cristã. Portanto, é preciso que a ação pastoral garanta essa iniciação. O documento propõe que o processo catequético adotado pela Igreja para a iniciação cristã seja assumido em todo o continente como modo ordinário e indispensável de introdução à vida cristã, como catequese básica e fundamental. A seguir, a catequese permanente dá continuidade ao caminho de amadurecimento na fé (DAp, n. 294).

O grande teólogo católico Karl Rahner (1904-1984) afirmou, na década de 1960, que o cristão do século XXI ou seria um místico ou não seria, de fato (Rahner, 2004). Em outras palavras, ou o cristão teria uma experiência pessoal de Deus que desse solidez à sua fé ou ele não seria cristão. Essa frase tem pertinência na sociedade contemporânea, na qual nos deparamos com uma grande pluralidade religiosa e não podemos mais contar com uma transmissão das tradições nem, consequentemente, dos valores culturais e religiosos de uma geração para outra.

O episcopado latino-americano demonstra ter consciência dessa realidade e, por isso, afirma de modo incisivo a importância da experiência pessoal e comunitária de Deus. Retoma a frase da carta encíclica *Deus caritas est* (DCE, n. 5), de Bento XVI (2005), na qual o papa afirma que a vida cristã não se fundamenta em uma decisão ética, mas no encontro com uma pessoa, Jesus Cristo, que dá um novo sentido à existência humana. Recorda ainda que os Evangelhos são concordes ao afirmar que o início da vida cristã acontece pelo encontro com a pessoa de Jesus: um encontro que fascina e enche de assombro, pela forma como Ele falava com cada pessoa e a tratava (DAp, n. 243-244).

Ao afirmar a necessidade de reforçar quatro eixos na ação pastoral no continente – experiência religiosa, vivência comunitária, formação bíblico-doutrinal e compromisso missionário de toda a comunidade –, a conferência coloca em primeiro lugar a experiência religiosa: "Em nossa Igreja devemos oferecer a todos um 'encontro pessoal com Jesus Cristo', uma experiência religiosa profunda e intensa, um anúncio *querigmático* e o testemunho pessoal dos evangelizadores, que leve a uma conversão pessoal e a uma mudança de vida integral" (DAp, n. 226)[12]. Reconhece que a "Missão principal da formação é ajudar os membros da Igreja a se encontrar sempre com Cristo e assim reconhecer, acolher, interiorizar e desenvolver a experiência e os valores que constituem a própria identidade e missão cristã no mundo" (DAp, n. 279).

O encontro com Jesus Cristo, que leva à adesão na fé, é o ponto de partida na vida cristã do discípulo missionário. A evangelização, porém, não pode parar aí. A conferência aponta para a necessidade de uma formação que abrace as diversas dimensões da pessoa humana, harmonizadas entre si numa unidade vital (DAp, n. 279). Enumera, então, as dimensões nas quais é essencial uma adequada formação para que as pessoas possam crescer na fé de forma equilibrada e integrada: dimensão humana e comunitária; dimensão espiritual; dimensão intelectual e dimensão pastoral missionária. O objetivo dessa formação é chegar "à altura da vida nova em Cristo, identificando-se profundamente com Ele e sua missão" (DAp, n. 281). A pessoa de Jesus Cristo, que nos revelou em seu mistério toda a grandeza e dignidade do ser humano, é a referência fundamental, com base na qual os cristãos precisam construir sua vida e dar sentido à sua existência (DAp, n. 41).

Ao tratar todos os membros do Corpo de Cristo como discípulos missionários, o episcopado latino-americano demonstra clara consciência de que as duas realidades caminham necessariamente juntas, isto é, ninguém é verdadeiro discípulo se não for também missionário, e ninguém é verdadeiro missionário sem antes ser realmente discípulo de Jesus. Com essa expressão, a conferência deixa claro que ficou decididamente para trás aquela concepção antiga que reservava o direito e o dever do apostolado aos membros do clero. Em virtude do batismo e da

---

12 O encontro com Cristo, graças à ação do Espírito, acontece na liturgia – de modo particular na Eucaristia –, na palavra de Deus lida, contemplada e celebrada, na oração pessoal e comunitária, nas comunidades vivas de amor e de fé e nas diversas expressões da piedade popular, na relação amorosa com Maria, Mãe de Deus e da Igreja (DAp, n. 243-271), bem como nos diversos âmbitos de nossa vida cotidiana (DAp, n. 356).

confirmação, os discípulos são, por sua essência, também missionários (DAp, n. 377), numa grande diversidade de formas de vida, serviços e ministérios (DAp, n. 184-284).

A grande novidade, a ser anunciada a todos, é que Jesus Cristo, o Filho de Deus, veio ao nosso encontro para que, unidos a Ele, nos tornássemos participantes da vida divina (2Pe 1,4). O anúncio do *querigma* nos induz a tomar consciência desse amor de Deus, que gratuitamente se faz próximo de nós, para nos convidar a viver em comunhão com Ele e, assim, encontrarmos a plenitude de vida. Essa iniciativa de Deus revela algo essencial: na vida cristã, a graça tem primado absoluto. "Pela graça de Deus sou o que sou" (1Cor 15,10). Em consequência, esse primado da graça deve permear toda a atividade evangelizadora da Igreja (DAp, n. 348)[13]. Nós somos apenas colaboradores de Deus, que é o protagonista da missão.

O anúncio dessa boa notícia na América Latina e no Caribe se confronta com uma realidade de miséria, exclusão e dor, que contradiz o projeto do Pai e desafia os cristãos a um maior compromisso em favor da cultura da vida. "O Reino de vida que Cristo veio trazer é incompatível com essas situações desumanas. Se pretendemos fechar os olhos diante dessas realidades, não somos defensores da vida do Reino e nos situamos no caminho da morte" (DAp, n. 358). O amor a Deus e o amor ao próximo são inseparáveis no cristianismo.

A Conferência trabalha com o conceito amplo de salvação, assim como é compreendido no Novo Testamento: uma salvação que envolve a pessoa humana na totalidade do seu ser[14]; é a superação de tudo o que

---

13 O primado da graça no cristianismo indica que a vida cristã não é uma conquista humana, algo que alcançamos por nosso empenho. É, antes de mais nada, dom de Deus. Vamos dar alguns exemplos para que fique mais claro: antes, Deus liberta seu povo da escravidão (Êxodo) e, depois, dá-lhe a lei para que, observando-a, mantenha a liberdade recebida. Pelo Batismo, somos santificados pela ação do Espírito Santo e, por isso, convidados a viver de forma santa; além disso, somos revestidos de Cristo e, por essa razão, convidados a nos revestir existencialmente dele.

14 Para uma compreensão de como a salvação foi entendida de formas diferentes ao longo da história do cristianismo, veja Bosch (2009, p. 470-480).

ameaça ou minimiza a vida das pessoas nas dimensões pessoal, familiar, social ou cultural. Essa compreensão é fundamental, para entender adequadamente a missão pastoral da Igreja, chamada a ser sacramento universal de salvação. Qual salvação? Não é uma salvação voltada apenas para o espiritual, mas, como nos ensina Jesus (DAp, n. 353), uma salvação ampla, que abraça a pessoa inteira. Portanto, o serviço que os cristãos são chamados a prestar ao mundo abarca tanto o empenho pelo desenvolvimento de estruturas mais justas quanto a comunicação dos valores do Evangelho (DAp, n. 358). Essa mensagem precisa estar clara em todas as atividades pastorais da Igreja. "O rico magistério social da Igreja nos indica que não podemos conceber uma oferta de vida em Cristo sem um dinamismo de libertação integral, de humanização, de reconciliação e de inserção social" (DAp, n. 359).

Jesus deixa como missão aos seus discípulos o anúncio de que Reino de Deus está próximo (Mc 1,15). Trata-se do Reino da vida. O conteúdo fundamental da missão, realizado por Jesus e confiado aos seus discípulos, tem como núcleo fundamental a "oferta de vida plena para todos. Por isso [...] a atividade missionária das Igrejas deve deixar transparecer essa atrativa oferta de vida mais digna, em Cristo, para cada homem e para cada mulher da América Latina e do Caribe" (DAp, n. 361). Ser discípulo de Jesus comporta a exigência irrenunciável do empenho na defesa e na promoção da vida em suas mais diversas instâncias (Amado, 2008, p. 312).

Diante da imensidade da missão a realizar, a conferência afirma que os discípulos precisam renovar seu ardor missionário desde o momento do encontro com Cristo, por meio da intensa oração comunitária; do aprofundamento das razões e motivações de sua fé; e do impulso do Espírito, para que "cada comunidade cristã se transforme num poderoso centro de irradiação da vida em Cristo" (DAp, n. 362).

A conferência reconhece ainda que a ação pastoral da Igreja da América Latina e do Caribe não se restringe ao âmbito continental. O envio dos discípulos a todo o mundo para pregar o Evangelho a todas as criaturas (Mt 28, 19-20) é a razão de ser da Igreja, pois define sua identidade mais profunda (DAp, n. 373). De acordo com a conferência, o mundo espera da Igreja latino-americana e caribenha um maior compromisso com a missão universal em todos os continentes (DAp, n. 376).

4.4 A renovação pastoral

Uma nova evangelização exige mudanças significativas, que levem à superação de uma pastoral da conservação para uma pastoral evangelizadora. Na compreensão do Concílio Vaticano II e na caminhada da Igreja latino-americana, é algo de tal forma abrangente que, na expressão da Conferência de Santo Domingo, envolve a tudo e a todos no que se refere à práxis pessoal e comunitária e à forma de exercício da autoridade no interior da comunidade eclesial. Seus dinamismos e suas estruturas a colocam em relação com o mundo, de modo que apareça com clareza sua missão de ser sacramento universal de salvação (SD, n. 30). A abrangência da renovação esperada levou à criação da expressão *conversão pastoral*, a qual envolve mudanças de método, linguagem, conteúdo, ação e agentes e deve atingir também as estruturas eclesiais.

Seguiremos aqui a proposta de renovação pastoral feita pelo Papa Francisco, em sua Exortação Apostólica *Evangelii Gaudium*. Como já o havia feito a Conferência de Aparecida, o papa aposta no valor pastoral das paróquias, nas quais aponta valores e necessidade de renovação. Não as considera uma estrutura caduca, em virtude de sua plasticidade, isto é, pelo fato de elas poderem ser renovadas e assumir expressões muito diversificadas, se houver criatividade missionária por parte do pastor e de toda a comunidade. Um dos valores provém do fato de que, por sua distribuição geográfica, as paróquias são presença da Igreja no meio do povo, favorecendo um contato próximo com as famílias e a vida cotidiana de todas as pessoas. No entanto, para que essa proximidade seja efetiva, e não apenas geográfica, é preciso que seja um espaço aberto, de acolhida para todos[15]. A paróquia, como presença eclesial no território, tem a função de reunir e também de enviar. Reúne para a escuta e o aprofundamento da palavra de Deus, para a celebração dos mistérios da fé e para o experimento da beleza da comunhão fraterna. Contudo, pela natureza missionária que lhe é própria, a Igreja reúne para, em seguida, enviar seus membros a viver e expressar a caridade e para que se tornem, no mundo, agentes de evangelização (EN, n. 28).

Como expressão territorial de uma Igreja que é essencialmente missionária, o papa convida as paróquias a uma renovação geral – em suas práticas, estruturas e linguagem – de modo que estejam em função da evangelização do mundo e não de sua autopreservação. É preciso que todas as pastorais e todos os seus agentes estejam numa atitude constante de saída[16] e que o anúncio do Evangelho seja feito de forma criativa e adequada à cultura do homem contemporâneo, para que favoreça sua adesão à fé. Seguindo o que já havia dito o Papa João Paulo II em sua Exortação Apostólica *Eclesia in Oceania* (EO, n. 19), a renovação eclesial deve ter como objetivo primeiro a missão, para não correr o risco de cair numa introversão eclesial (EG, n. 28). A paróquia é ponto de referência também para outras instituições eclesiais, como comunidades de base,

---

15 É preciso evitar a formação de grupos fechados que se sentem donos da paróquia. O fechamento não condiz com a Igreja, visto que ela é sacramento universal do Reino de Deus, que acolhe a todos indistintamente e que, sem dúvida, tem um carinho e uma atenção toda particular pelas pessoas mais frágeis e necessitadas.

16 De forma próxima havia se pronunciado o Episcopado Latino-Americano e Caribenho: "Esta firme decisão missionária deve impregnar todas as estruturas eclesiais e todos os planos pastorais de dioceses, paróquias, comunidades religiosas, movimentos e de qualquer instituição da Igreja. Nenhuma comunidade deve isentar-se de entrar decididamente, com todas as forças, nos processos constantes de renovação missionária e de abandonar as ultrapassadas estruturas que já não favoreçam a transmissão da fé" (DAp, n. 165).

pequenas comunidades, movimentos e associações, os quais são manifestações de dons do Espírito, para que o Evangelho possa chegar a todos os ambientes e setores da sociedade. Seguidamente, manifestam um novo ardor evangelizador e uma capacidade de diálogo com a sociedade, capaz de renovar também a Igreja. É fundamental, porém, que, como parte da Igreja que são, não vivam e atuem de forma isolada, mas que se integrem positivamente na pastoral orgânica da Igreja particular e participem ativamente de seu projeto pastoral (EG, n. 29).

As dioceses, que são porções da Igreja Católica dirigidas por seu bispo, são chamadas à mesma conversão missionária. Elas são manifestações concretas e particulares, nas quais está presente a única Igreja de Cristo, em certo espaço, ao mesmo tempo encarnada e sempre chamada a encarnar-se na realidade concreta de determinada porção do Corpo de Cristo. Dentro de seu território, ela é chamada a viver numa constante saída para suas periferias e para os novos âmbitos socioculturais, para estar presente onde a luz e a vida do Senhor ressuscitado se fazem particularmente necessárias. Sua missão, porém, não acaba aí. Como parte da Igreja, é chamada a assumir a corresponsabilidade da missão de levar o Evangelho a todos os povos (EG, n. 30).

O Papa Francisco quer que essa renovação pastoral atinja também as estruturas centrais da Igreja universal e, dentro dela, o próprio papado, de modo que este alcance maior coerência com a missão que lhe foi confiada por Jesus Cristo e maior adequação às necessidades da evangelização no mundo contemporâneo. Uma excessiva centralização dificulta a dinâmica missionária da Igreja. Portanto, é preciso reforçar a colegialidade, a fim de que as conferências episcopais tenham uma participação mais efetiva no governo da Igreja (EG, n. 32). Na medida em que se fortalece a atuação das Igrejas locais e suas respectivas conferências episcopais, o processo de inculturação da Igreja e Encarnação do Evangelho poderá tornar-se cada vez mais efetivo.

Pensar a pastoral com base na ótica missionária exige uma abertura para a criatividade e, sobretudo, a superação do critério que determina fazer como sempre foi feito. É preciso ter a ousadia de repensar o todo – "os objetivos, as estruturas, o estilo e os métodos evangelizadores das respectivas comunidades" (EG, n. 33) – com base em uma reflexão comunitária, sob a guia dos bispos e dos presbíteros.

O conteúdo do anúncio também necessita ser repensado. É preciso ter presente que a maioria dos cristãos de hoje tem um conhecimento muito superficial do cristianismo e são poucos os que buscam um aprofundamento maior. Diante disso, não se deve colocar o foco em aspectos que, embora relevantes, sejam secundários. Pelo contrário, "o anúncio concentra-se no essencial, no que é mais belo, mais importante, mais atraente e, ao mesmo tempo, mais necessário" (EG, n. 35). É preciso que o anúncio coloque no centro o coração da mensagem de Jesus Cristo (EG, n. 34). Dessa forma, a proposta aparece simplificada, mas não perde a profundidade e a verdade.

Para a compreensão adequada dessas orientações do Papa Francisco para a renovação pastoral da Igreja, é preciso saber que o que caracteriza a vivência religiosa é a fascinação. Os que encontraram Jesus ficaram fascinados pela sua pessoa e, por isso, permaneceram com Ele, mesmo sem ter compreendido sua proposta de vida (Mc 8,14-21). A religião tem o poder de descortinar um horizonte de beleza e grandeza, capaz de suscitar o desejo e o empenho concreto de crescimento, em busca de uma maior humanização, que, no seu sentido cristão, desemboca na divinização. Muito mais que impor deveres, o que caracteriza a religião é sua capacidade de atrair para algo maior, para um ideal de santidade percebido como tão belo e tão significativo que tudo o que se contrapõe a ele perde seu poder de atração. É isso que podemos facilmente perceber na vida dos santos. Para elucidar essa ideia, podemos dar alguns exemplos. Ao ser encontrado pelo Senhor ressuscitado, a caminho de

Damasco, Paulo ficou fascinado de tal forma por Cristo que tantas coisas que, antes, eram de fundamental importância perderam completamente seu valor: "tudo eu considero perda, pela excelência do conhecimento de Cristo Jesus, meu Senhor. Por ele, eu perdi tudo e tudo tenho como esterco, para ganhar a Cristo e ser achado nele" (Fl 3,8). São Francisco de Assis viveu desprendido de tudo, porque descobriu sua grande riqueza em Deus. Jesus nos dá o exemplo, ao iniciar sua pregação, colocando no centro de sua mensagem a boa notícia que veio trazer à humanidade: "Cumpriu-se o tempo e o Reino de Deus está próximo. Arrependei-vos e crede no Evangelho" (Mc 1,15).

Reforçando seu pensamento, o Papa Francisco nota que, no núcleo mais importante da mensagem de Jesus, no coração do Evangelho, sobressai "a beleza do amor salvífico de Deus manifestado em Jesus Cristo morto e ressuscitado" (EG, n. 36). No cristianismo, em que o primado não é da lei, mas da graça, o Evangelho é, sobretudo, um convite a responder positivamente ao amor de Deus. A iniciativa afirma que Deus gratuitamente nos ama e nos convida a amá-lo[17]. É com base nesse amor primeiro de Deus que toda a moral cristã – todas as virtudes – pode ser adequadamente compreendida. Ao convidar a Igreja a repensar o conteúdo do anúncio, o papa visa deixar claro que ele deve partir do núcleo central do Evangelho, com base no qual tanto a ética quanto a doutrina cristã adquirem seu significado.

Relacionada ao anúncio do conteúdo está a linguagem. As mudanças culturais rápidas e, ao mesmo tempo, profundas que caracterizam a sociedade contemporânea exigem que, ao anunciar as verdades de sempre, usemos uma linguagem que permita ao homem de hoje reconhecer sua permanente novidade. Em outras palavras, não basta anunciar com fidelidade as verdades da fé; além disso, é fundamental uma adequada

---

17 Nesse convite a amar a Deus está incluído, de forma inseparável, o amor ao próximo. Essa relação entre a graça e o amor aos irmãos foi expressa de forma excelente por Santo Tomás, em sua Suma Teológica, I-II, q. 108, a. I.: "O elemento principal da Nova Lei é a graça do Espírito Santo, que se manifesta através da fé que opera pelo amor" (Tomás de Aquino, 2001, p. 821).

escolha da linguagem, para que a mensagem seja compreendida de forma correta e significativa pelas pessoas a quem anunciamos o Evangelho (EG, n. 41).

A Conferência dos Bispos do Brasil chama a atenção para a dimensão pessoal da conversão pastoral, ressaltando que há batizados e também agentes de pastoral que não têm experiência pessoal de Jesus Cristo, capaz de suscitar um processo de conversão e configuração a Ele[18]. Praticam a religião sem deixar que o Evangelho renove sua vida (CNBB, 2015)[19].

Podemos afirmar que a causa na qual Jesus investe seu tempo, suas energias e sua vida como um todo é o que ele mesmo chama de Reino de Deus. Este é "o núcleo central de sua pregação, sua convicção mais profunda, a paixão que anima toda a sua atividade. Tudo aquilo que ele diz e faz está a serviço do Reino de Deus. Tudo adquire sua unidade, seu verdadeiro significado e sua força apaixonante a partir dessa realidade" (Pagola, 2012, p. 115). A conversão pastoral implica a superação do eclesiocentrismo para o reconhecimento de que a missão da Igreja não está voltada para ela mesma, mas para o Reino de Deus. Isso exige a passagem de uma pastoral centrada nas realidades internas da Igreja para uma pastoral que dialogue com o mundo e, acima de tudo, seja nele instrumento para que o Reino de Deus possa crescer (CNBB, 2015, n. 58).

O Reino, grande meta da ação pastoral da Igreja (LG, n. 9)[20], já está entre nós (DAp, n. 143), mas não de forma plena (DAp, n. 278; 280;

---

18 Essa dimensão do encontro com Cristo, como elemento essencial do discipulado, foi acentuada no documento de Aparecida (DAp, n. 243-244).

19 A Conferência de Aparecida resolveu essa dicotomia usando a expressão *discípulo missionário* para mostrar como o verdadeiro discípulo é sempre missionário e, em contrapartida, o verdadeiro missionário é também discípulo sempre, ao passo que o ideal de vida que nos foi proposto por Jesus – "Sede misericordiosos como vosso Pai é misericordioso" (Lc 6,36) – é uma meta, a qual somos chamados a buscar sempre, mesmo sabendo que nunca a alcançaremos plenamente.

20 O documento de Aparecida (DAp, n. 33) fala da importância de discernir os sinais dos tempos, para que possamos nos colocar efetivamente a serviço do Reino, anunciado por Jesus, que veio para que todos tenham vida (Jo 10,10). Veja-se nesse sentido também DAp, n. 190; 223.

548). Colocar-se a serviço dele implica uma atitude pastoral aberta e cooperativa. O Concílio Vaticano II retomou o ensinamento de Jesus de que o Espírito Santo age sem que saibamos de onde vem nem para onde vai (Jo 3,8). Isso exige que, como Igreja, reconheçamos que Ele age nos âmbitos eclesiais e também fora das fronteiras da Igreja. Isso implica que, para estarmos em comunhão com o Espírito, precisamos colaborar com todos os que agem no Espírito, embora não façam parte da Igreja[21]. "Para além das fronteiras da Igreja, o cristão, como cidadão do Reino, é companheiro de caminho e de trabalho de todas as pessoas de boa vontade, pertencente a outras Igrejas ou a outros credos, ou simplesmente professantes de um 'humanismo aberto ao Absoluto'" (Brighenti, 2013, p. 99). Uma pastoral em favor do Reino contribui para a ação do Espírito também fora da Igreja (DAp, n. 374), seja no ambiente secular, seja nas demais expressões religiosas. É por isso que o anúncio e o diálogo inter-religioso são elementos constitutivos da evangelização (DAp, n. 237).

4.5 Igreja: sal da terra e luz do mundo

A expressão *sal da terra e luz do mundo* se apresenta como uma paráfrase do texto do Evangelho de Mateus (Mt 5,13-16), o qual a Igreja sempre entendeu como elemento fundamental de sua missão.

Embora sejam inúmeras as visões de mundo que, ao longo da história, apresentam Deus e o mundo como duas realidades separadas e, não raro, contrastantes, essa visão não pode ser atribuída ao Deus cristão. Sua relação com o mundo é extremamente próxima. Em primeiro lugar,

---

21 Quando os discípulos dizem a Jesus, que há pessoas que não são do seu grupo e, mesmo assim, expulsam demônios, perguntam se quer que os proíbam; Ele responde: "Não o impeçais [...] quem não é contra é por nós" (Mc 9,40).

a Criação é uma obra trinitária. O principal intuito de Irineu de Lião, ao escrever a obra *Contra as heresias*, é demonstrar que a doutrina pregada pelos gnósticos – de que Deus é um ser completamente transcendente, sem nenhum contato com o mundo, e a matéria é algo completamente estranho a Ele – não corresponde ao Deus cristão. Irineu de Lião (1995) fundamenta sua argumentação mostrando que a Criação é uma obra da Trindade: Deus criou o mundo com suas Mãos, as quais são o Filho e o Espírito Santo. O autor acentua, de modo particular, a presença do Filho. Seguindo São João (1,1-18), afirma que tudo foi feito por meio do Verbo, ou seja, nada foi feito sem ele; daí, conclui que Ele é o verdadeiro Criador do mundo e, antes mesmo de sua Encarnação, já estava no mundo e sustentava todas as coisas criadas. Tudo isso, porém, não de forma externa, mas plenamente envolvido com o mundo, a tal ponto que "ele está impresso em toda a criação" (Irineu de Lião, 1995, p. 567-568). Ao afirmar que o Verbo está impresso em toda a criação, Irineu de Lião (1995) entende que Deus não apenas criou tudo o que existe, mas também deixou estampada a própria imagem na sua obra de arte, que é a criação do mundo. Portanto, podemos dizer que o homem é imagem de Deus, mas precisamos reconhecer que esse atributo deve ser conferido também ao mundo. É por isso que os místicos de todos os tempos contemplaram e encontraram Deus em suas criaturas e, conforme Teilhard de Chardin (2010), nada é profano para quem sabe ver.

O livro do Gênesis nos apresenta a ação criadora como uma ação livre: Deus não cria por necessidade, mas por amor. Cria com arte e beleza, demonstra e se compraz diante de suas obras (Gn 1,4.31). O mesmo Deus, nas palavras do Apóstolo João (Jo 3,16), "amou tanto o mundo que entregou o seu Filho único". Jesus, que foi enviado ao mundo pelo Pai, também envia seus discípulos ao mundo e reza ao Pai por eles e pelo mundo, para que n'Ele creiam de modo que o amor que une as pessoas da Trindade permeie as relações de todos os homens (Jo 17).

Esse mundo é ambivalente. Da mesma forma que é criado e amado por Deus e traz estampada em si a sua imagem, é marcado pelo mal e pelo pecado. Essa realidade gera uma verdadeira estranheza do mundo em relação ao seu Criador. É nesse contexto que Jesus diz não ser do mundo, assim como seus discípulos não o são (Jo 17,16). Nas palavras de Irineu de Lião (1995, p. 568), Ele veio para o que era seu, mas os homens não o receberam. É aqui que se insere a missão de Jesus e dos seus discípulos: fazer com que o mal e o pecado sejam superados e o mundo recobre sua beleza e seu esplendor. O grande plano de Deus é recapitular "todas as coisas, as que estão no céu e as que estão na terra", a fim de que alcancem a plenitude para a qual foram criadas[22] (Ef 1,10).

O mundo, sem qualquer tipo de restrição, é o âmbito próprio da missão. É a ele que os discípulos são enviados (Mt 28,19-20), com a responsabilidade de serem sal e luz.

Ao servir-se da metáfora do sal, Jesus utiliza um elemento que não apenas é parte integrante da vida cotidiana dos seus ouvintes, mas também é muito precioso. Do ponto de vista econômico, era um elemento caro; do ponto de vista existencial, era símbolo da sabedoria; do ponto de vista prático, era importante para a conservação dos alimentos e para o sabor. Quando usado nos alimentos, desaparece, mas deixa seu gosto. Jesus diz que, se o sal perder o sabor, não servirá mais para nada, senão para ser jogado (Mt 5,13). A expressão representa uma espécie de advertência a seus discípulos. O sal não perde seu sabor. O que não é verdadeiro para o sal, porém, pode sê-lo para a comunidade eclesial: se não for fiel ao discipulado, correrá o risco de não dizer mais nada de significativo e fecundo para os homens do seu tempo. Nesse caso, perderá o seu sentido e não servirá para nada.

---

22 Note como Paulo não fala de recapitular o homem, mas todas as coisas. Não apenas o homem, mas o mundo sofre as desordens causadas pelo pecado: "Pois a criação em expectativa anseia pela revelação dos filhos de Deus" (Rm 8,19).

A segunda metáfora é a da luz. Essa também responsabiliza os discípulos em relação a toda a humanidade. O profeta Isaías (Is 42,6) já havia falado do servo do Senhor como luz das nações e portador de salvação para todos os povos. De forma análoga, a imagem vale para a cidade de Jerusalém: "As nações caminharão na tua luz, e os reis, no clarão do teu sol nascente" (Is 60,3). O Evangelho segundo João (8,12; 9,5) diz que o próprio Jesus é a luz do mundo.

Note como as duas metáforas usadas por Jesus são muito significativas para falar da missão da Igreja. O sal adquire seu verdadeiro sentido quando se mistura à comida, a ponto de desaparecer. Sua presença, porém, é indiscutivelmente percebida no sabor. De maneira semelhante, a luz só tem sentido enquanto ilumina. Ela brilha, mas não chama atenção para si. Sua função é iluminar, para que os homens possam trilhar com segurança seus caminhos. Assim, os discípulos, bem como a Igreja na sua totalidade, são chamados a brilhar com seu testemunho de vida, sua paixão pelo Reino, seu amor gratuito, que não faz acepção de pessoas, e sua alegria por ter encontrado o verdadeiro tesouro, para que os homens possam encontrar aquele que é capaz de dar sabor à sua existência e iluminar seus caminhos. Assim como uma luz não deve ser colocada debaixo do alqueire ou da cama (Mc 4,21), a Igreja não deve esconder-se. Embora ela não atue para ser vista e admirada, precisa iluminar o ambiente em que se encontra.

Como afirma Almeida (2004), a forma de compreender essa missão se diversifica, dependendo da visão eclesiológica que tomamos como ponto de partida de nossa reflexão. Quando a Igreja compreendeu a si mesma como **sociedade perfeita**, apresentou-se como uma sociedade autônoma e autossuficiente, demonstrando desaprovação por tudo o que estivesse fora dela. No entanto, com a visão eclesiológica do Concílio Vaticano II, a Igreja assumiu uma postura mais modesta e realista, mas não menos exigente. Em primeiro lugar, ela sente-se corresponsável por todos os homens de boa vontade e todas as forças empenhadas na construção da sociedade. Em segundo lugar, tem consciência de que tem muito a contribuir com essa sociedade e reconhece que também tem aprendido com ela (GS, n. 44).

Com base nessa ótica conciliar, a Igreja pode apresentar-se à sociedade como consciência crítica da humanidade, conforme a tematização feita por J. M. Metz (1981), ou compreender-se como sociedade de contraste sempre que perceber que a esperança está ameaçada (Fuellenbach, 2006). Na América Latina e no Caribe, a Igreja assumiu "como foco de sua vida e ação a opção evangélica, profética, preferencial e solidária com os pobres, por sua libertação integral e em vista da construção de uma sociedade justa e solidária" (Almeida, 2004, p. 167). Dessa forma, a Igreja latino-americana manifesta sua postura profética diante da sociedade.

Síntese

Como podemos perceber pela reflexão que desenvolvemos neste capítulo, o Concílio Vaticano II trouxe uma nova visão com relação à ação pastoral da Igreja. Assumindo as categorias de *Povo de Deus*, *Corpo de Cristo* e *Templo do Espírito* como fundamentais para compreender sua própria identidade, ela passa a ver a pastoral decididamente como missão de todos. Deus confia sua missão à Igreja, formada por todos os seus membros, que, pelo Batismo, participam do sacerdócio de Cristo e, pela contínua ação do Espírito, recebem dons, para serem colocados a serviço da edificação da Igreja e do Reino de Deus. As conferências latino-americanas e caribenhas traduziram para sua realidade as novidades trazidas pelo concílio, enfatizando a dimensão da ministerialidade e a centralidade do Reino de Deus por meio de sua opção preferencial pelos pobres. O mundo contemporâneo passa por transformações rápidas e profundas, o que exige uma renovação ampla na ação pastoral da Igreja.

Indicação cultural

Artigo

SOUZA, N. de. Do Rio de Janeiro (1955) à Aparecida (2007): um olhar sobra as Conferências Gerais do Episcopado da América Latina e do Caribe. **Revista de Cultura Teológica**, v. 16, n. 64, p. 127-145, jul./set. 2008. Disponível em: <https://revistas.pucsp.br/index.php/culturateo/article/viewFile/15533/11599>. Acesso em: 28 fev. 2018.

A leitura desse artigo é muito interessante para se ter um panorama da caminhada pastoral da Igreja latino-americana e caribenha pelas conferências gerais do seu episcopado.

Atividades de autoavaliação

1. A Constituição Pastoral *Gaudium et Spes* afirma a radical bondade do mundo criado por Deus e manifesta maior cordialidade da Igreja em relação às realidades do mundo e do homem. Desde então, a Igreja passou a:

   a) demonstrar uma atitude de diálogo e maior proximidade pastoral em relação ao mundo.

   b) alertar seus fiéis a manter certa distância do mundo para não se contaminarem com o pecado.

   c) defender sua fé diante das grandes ameaças do ateísmo no mundo contemporâneo.

   d) distanciar-se do mundo a fim de preservar sua fé e a unidade eclesial.

2. O eclesiocentrismo é expressão de uma visão eclesiológica que põe ao centro da atenção:
   a) a missão da Igreja.
   b) o Reino de Deus.
   c) a ação pastoral.
   d) a Igreja.

3. Uma das contribuições da primeira Conferência Geral do Episcopado Latino-Americano e do Caribe realizada no ano de 1955, na cidade do Rio de Janeiro, foi a:
   a) criação da CNBB.
   b) criação do Celam.
   c) reestruturação das paróquias do continente.
   d) criação de uma teologia própria para o continente.

4. Ultimamente, os documentos da Igreja insistem na necessidade de uma nova evangelização e da superação da pastoral da conservação. Essa mudança exige:
   a) que as estruturas das paróquias sejam mantidas como estão.
   b) um maior empenho por parte do clero na evangelização.
   c) mudanças significativas na comunidade eclesial, sintetizadas pela expressão *conversão pastoral*.
   d) uma maior abertura do mundo para acolher o Evangelho.

5. Se levarmos a sério o fato de que o ser e o agir da Igreja têm como ponto de partida a igualdade fundamental que desabrocha do Batismo, podemos concluir que:
   a) todos têm o direito e o dever de participar ativamente da vida da Igreja.
   b) a missão da Igreja é de responsabilidade dos seus membros que recebem a ordenação sacerdotal.

c) a responsabilidade sobre a missão da Igreja é do clero, mas os leigos são chamados a colaborar com ela.

d) os leigos são membros passivos que devem obedecer ao clero.

Atividades de aprendizagem

Questões para reflexão

1. Elabore um mapa conceitual evidenciando as contribuições do Concílio Vaticano II para a reflexão pastoral.

2. Escreva um breve texto explicitando o significado da renovação pastoral na Exortação Apostólica *Evangelii Gaudium*.

Atividade aplicada: prática

1. Redija um breve texto explicitando, com suas palavras, o significado da expressão *conversão pastoral* no documento de Aparecida.

5

Metodologias e dinâmicas na evangelização

Este capítulo tem como foco a dinâmica e a metodologia da ação pastoral. O Concílio Ecumênico Vaticano II retomou a dimensão da colegialidade no seu grau mais alto, que se refere à relação dos bispos com o papa, cabeça do colégio. Essa reflexão foi ganhando proporções maiores e trouxe um novo sentido de corresponsabilidade, que envolve todos os membros do Corpo de Cristo. Com a igualdade fundamental que decorre do Batismo, todos são chamados a participar, de forma ativa e corresponsável, da vida e da missão da Igreja. Diante disso, a pastoral precisa ser pensada pela ótica da comunhão e da participação.

5.1 Comunhão e participação

A comunhão, na vida cristã, tem sua primeira expressão na relação com a Trindade. Pelo Batismo, somos inseridos na vida divina e, portanto, na comunhão com o Pai, o Filho e o Espírito Santo. Essa comunhão com Deus é a base e o sustento da comunhão eclesial (DAp, n. 155).

A Conferência de Aparecida chama a atenção para a dimensão comunitária da vida cristã. Discipulado, missão e comunidade formam um trinômio inseparável. Da mesma forma que não se pode falar de verdadeiro discipulado sem empenho missionário e que não há verdadeira missão, senão sustentada por um constante discipulado, também não se pode falar nem de missão nem de discipulado alheios à unidade da comunidade eclesial. A missão foi confiada por Jesus à Igreja, e nós nos tornamos partícipes dela, pois somos membros do Corpo de Cristo. Diante das tendências individualistas de espiritualidade presentes no contexto contemporâneo, a conferência é contundente ao afirmar que "A vocação ao discipulado missionário é convocação à comunhão em sua Igreja" (DAp, n. 156). A comunhão com os demais membros do Corpo de Cristo é uma dimensão constitutiva da vida cristã e da Igreja como tal: "A Igreja é comunhão" (DAp, n. 304). A comunidade, presidida pelos seus pastores, torna-se um importante suporte para o crescimento e o amadurecimento na vida do Espírito (DAp, n. 278).

As paróquias, células vivas da Igreja (SD, n. 55), são lugares privilegiados onde os cristãos fazem experiência de comunhão com Cristo e com a comunidade eclesial. As diversas celebrações e, de modo particular, a Eucaristia dominical tornam-se momentos de comunhão com todo o Corpo de Cristo (DAp, n. 305). Tal comunhão se nutre com o pão da palavra de Deus e com o pão do Corpo de Cristo. Pela participação no mesmo pão da vida e no mesmo Cálice de Salvação, a Eucaristia reforça a unidade da comunidade eclesial (1Cor 10,17).

Mesmo reconhecendo todo o valor das paróquias, a conferência fala da importância de formar pequenas comunidades eclesiais[1], nas quais se estabelecem relações de amizade e confiança, aprofundamento da palavra de Deus, formação continuada na fé, envolvimento em diversos serviços e ministérios, compromisso social e sintonia com o projeto de pastoral diocesano (DAp, n. 178, n. 179)[2]. Pela amplidão de muitas paróquias, não fossem essas pequenas comunidades, as relações permaneceriam praticamente anônimas para a maior parte da comunidade. Os "movimentos e novas comunidades são uma oportunidade para que muitas pessoas afastadas possam ter uma experiência de encontro vital com Jesus Cristo, e assim recuperar sua identidade batismal e sua ativa participação na vida da Igreja" (DAp, n. 312).

Sendo comunidade de comunidades, a paróquia deve constituir-se em espaço de comunhão, que começa pela acolhida e pela valorização da riqueza espiritual e apostólica presente nessa diversidade de grupos de pequenas comunidades. Ao mesmo tempo que recebem acolhida por parte da comunidade eclesial, esses grupos não devem formar pequenas ilhas dentro da Igreja. Como expressão de comunhão, é preciso que se integrem positivamente na vida das paróquias e das dioceses (DAp, n. 313), tomando parte na pastoral de conjunto da Igreja (EG, n. 105).

O Papa Francisco chama a atenção para o papel fundamental do bispo na comunhão missionária na Igreja diocesana, tendo como ideal as primeiras comunidades cristãs (At 4,32). Como sinal de unidade, às vezes, ele precisará colocar-se à frente da comunidade para indicar o caminho e sustentar a esperança de seu povo; outras vezes, estará no meio de todos, demonstrando proximidade simples e misericordiosa.

---

1 A conferência enumera uma série delas: as Comunidades Eclesiais de Base, pequenas comunidades, redes de comunidades e de movimentos e grupos de vida, de oração e de reflexão da palavra de Deus (DAp, n. 180).

2 É preciso incentivar movimentos e associações para que renovem seu carisma original e, assim, enriqueçam a Igreja por meio dos dons que o Espírito lhes concedeu (DAp, n. 311).

Outras vezes, ainda, precisará colocar-se atrás por dois motivos, ambos muito interessantes: primeiro, para se solidarizar com os que não conseguiram manter o passo da comunidade; segundo, porque o próprio rebanho tem o olfato para encontrar novos caminhos. O bispo tem a missão de promover uma comunhão dinâmica e missionária e estimular a criação e o desenvolvimento de organismos de participação e de espaços de diálogo, em que todos os membros da comunidade possam ser ouvidos (EG, n. 31). Em toda essa obra, ele conta com a colaboração e a participação dos sacerdotes que desenvolvem seu ministério na diocese.

Na compreensão teológica da Igreja Latino-Americana e Caribenha, comunhão e participação caminham juntas. Se a comunhão acentua a dimensão da unidade, a participação coloca em destaque a corresponsabilidade na obra da evangelização. Essa íntima relação entre esses dois aspectos aparece, sobretudo, na relação do cristão com Deus. Pela comunhão com Jesus, os discípulos participam da vida que jorra do coração do Pai, assumem seu estilo de vida e se comprometem a fazer novas todas as coisas (DAp, n. 131). Unidos a Cristo pelo Batismo, participam do seu sacerdócio e, consequentemente, de sua missão (DAp, n. 157). O trabalho, que ocupa boa parte da vida da pessoa humana, adquire um valor sublime, pois, além de ser uma forma de serviço aos irmãos, é uma efetiva participação na ação criadora de Deus (EG, n. 120).

Ao dirigir-se aos leigos, o episcopado latino-americano lembra que sua missão específica se realiza no mundo, na medida em que, pelo testemunho e pela atividade, contribui para a transformação da sociedade, criando estruturas mais justas e fraternas (DAp, n. 210). No entanto, são chamados a participar também da ação pastoral da Igreja, inserindo-se ativamente nos campos da evangelização e da liturgia e em diversas formas de apostolado, segundo as necessidades das suas comunidades, em comunhão com seus pastores (DAp, n. 211).

No momento em que a Igreja na América Latina e no Caribe se coloca em estado de missão, reconhecemos que a evangelização do continente não será possível sem a efetiva colaboração dos leigos. Eles precisam ser parte ativa e criativa tanto na elaboração quanto na execução dos projetos pastorais da comunidade, o que exige abertura de mentalidade por parte dos pastores. "Em outras palavras, é necessário que o leigo seja levado em consideração com espírito de comunhão e participação" (DAp, n. 213). As associações leigas, os movimentos apostólicos, as novas comunidades e o empenho no campo da formação cristã precisam ser apoiados pelos pastores, pois tais iniciativas ajudam os membros da comunidade, bem como os grupos missionários, a assumir sua identidade cristã e sua responsabilidade em colaborar, de maneira ativa, na missão evangelizadora de toda a comunidade eclesial. Um adequado discernimento, coordenação, incentivo e condução pastoral por parte dos bispos e dos sacerdotes contribui, de forma decisiva, para que os dons com que o Espírito enriquece e santifica continuamente sua Igreja possam realmente cooperar para a edificação da comunidade (DAp, n. 214). São muitos os ministérios e serviços que, em comunhão com o ministério ordenado, contribuem eminentemente para o bem da comunidade[3]. Nesse sentido, têm particular importância os Conselhos, sejam em âmbito nacional, sejam em âmbito diocesano ou paroquial, porque incentivam uma efetiva comunhão e participação na comunidade eclesial e uma presença ativa e transformadora no mundo (DAp, n. 215).

O Papa Francisco (EG, n. 67) nota como o surgimento de organizações que têm como objetivo a defesa dos direitos humanos e o empenho por causas nobres desperta o desejo por parte de numerosos cidadãos de se tornarem protagonistas no desenvolvimento social e cultural da humanidade. Tal empenho é uma expressão da dimensão social do ser

---

3 Vamos citar alguns exemplos sem nenhuma pretensão de apresentar uma lista exaustiva: ministros da Palavra e da Eucaristia, catequistas, animadores de assembleias e coordenadores de pastorais e de conselhos.

humano e um elemento fundamental da própria vida cristã: "ser cidadão fiel é uma virtude, e a participação na vida política é uma obrigação moral" (EG, n. 220).

A Igreja na América Latina e no Caribe tem consciência de sua responsabilidade de formar e sensibilizar os cristãos a respeito de grandes questões e problemas que assolam a humanidade, além de encorajá-los a um empenho concreto na reabilitação da ética e da política (DAp, n. 406), na promoção humana e nas mais diversas formas de voluntariado social, de organizações autônomas e de participação em obras educativas e caritativas que respondam às necessidades da sociedade (DAp, n. 407, n. 539). A participação ativa de diversos grupos sociais, inclusive dos grupos minoritários, fortalece a democracia e amplia os espaços de participação política (DAp, n. 75). A Igreja reconhece o valor da participação ativa desses grupos na sociedade e incentiva maior atenção a eles, encorajando processos de inculturação e oferecendo meios para seu crescimento na fé e para sua participação ativa também no interior da comunidade eclesial, inclusive pelo ministério ordenado (DAp, n. 94). Essa reflexão vale para as diversas formas de vida consagrada, que enriquecem a Igreja com os diferentes carismas, que espelham a contínua ação do Espírito Santo na sua obra de santificação. A conferência reconhece sua significativa contribuição pelo testemunho de vida de efetiva participação na ação pastoral e pela sua presença em situações de fronteira, marcadas por pobreza e violência (DAp, n. 99).

Como podemos perceber, o conceito de participação desenvolvido pelos documentos eclesiais mais recentes é amplo e abraça não apenas o âmbito eclesial, mas se estende para a sociedade como um todo. A comunhão, no sentido cristão, nunca é fechada. O Espírito que cria comunhão e leva as pessoas a se entenderem, como se falassem a mesma língua, é o mesmo que envia em missão (At 2,1-13). É essa a compreensão da expressão *discípulo missionário*: tornando-se discípula, a pessoa passa a ser membro do Corpo de Cristo e, consequentemente, torna-se partícipe da sua missão.

Para que isso possa se realizar de forma positiva nas comunidades, é preciso promover uma espiritualidade de comunhão e participação e que nela sejam formados todos os membros da Igreja, sejam os que se preparam para o ministério ordenado ou para a vida consagrada, sejam os que viverão seu seguimento a Cristo como leigos. As comunidades eclesiais são compostas de discípulos missionários, que têm como ponto de referência primeiro e fundamental a pessoa de Jesus Cristo, Mestre e Pastor. É Jesus quem nos convida para estar com Ele e para nos formar em sua escola, bem como nos ensina uma atitude de abertura para acolher todos aqueles que, em formas diversas, contribuem para a edificação do Reino de Deus (Mc 9,40). Os projetos e a ação pastoral como um todo precisam inspirar-se naquele em quem o pastoreio se manifesta na sua expressão maior (DAp, n. 368).

5.2 Ação pastoral

A ação pastoral nasce com a Igreja. Desde o primeiro momento, os discípulos de Jesus compreenderam que o chamado que receberam do Mestre tinha uma finalidade concreta: dar continuidade à sua missão. Ao encontrar Simão e André, que lançavam as redes no lago da Galileia, Jesus diz: "Vinde em meu seguimento e eu farei de vós pescadores de homens" (Mc 1,17). Relatando o momento em que Jesus constituiu os Doze, Marcos (Mc 3,14-15) explicita o motivo: "para que ficassem com ele, para enviá-los a pregar, e terem autoridade para expulsar os demônios"[4]. Segundo a narrativa de Lucas, nos Atos dos Apóstolos, os

---

4 O que o evangelista diz de forma sintética tem um sentido muito amplo: Jesus chama os discípulos para, depois, enviá-los, a fim de que deem continuidade à sua missão por meio de palavras e gestos que comunicam a salvação.

discípulos, ao receberem o Espírito Santo, imediatamente iniciaram sua missão, anunciando e explicando a palavra de Deus (At 2). Os exemplos poderiam ser multiplicados, mas essas poucas citações nos mostram que, desde o seu início, a Igreja compreendeu a si mesma como uma comunidade essencialmente voltada para o apostolado.

A expressão *ação pastoral*, ao contrário, é bastante recente. Surgiu no final do século XVIII, na Áustria e na Alemanha, e seu uso se consolidou na década de 1950. A compreensão que se teve dessa expressão, porém, variou significativamente ao longo do tempo e, ainda hoje, apresenta conotações muito diferentes, dependendo, sobretudo, da visão teológica e eclesiológica de quem se serve dela.

Na época, a ação pastoral era entendida no sentido de prática sacerdotal. A teologia pastoral surgiu em um momento de decadência da teologia escolástica, marcada pela falta de profundidade teórica, pela ausência de criatividade e pela submissão ao Magistério e aos regimes civis absolutistas. Partindo de uma relação imediata do termo *pastor* com os ministros ordenados[5], a teologia da ação pastoral não era mais do que um conjunto de receitas – orientações práticas – aos sacerdotes para o cumprimento de seu dever de pastor das almas. Investidos de poderes de governo, de culto e de ensinamento, pela ordenação sacerdotal, eles eram os responsáveis e os protagonistas da ação pastoral da Igreja. Os demais membros eram apenas receptores. O principal objetivo da ação pastoral, no contexto de cristandade do século XVIII, era formar bons cristãos, obedientes à autoridade civil e ao Magistério da Igreja.

Na década de 1940, F. X. Arnold (1898-1969) e P. A. Liégé (1921-1979) realizaram, na Alemanha e na França, uma significativa renovação da teologia pastoral. A ação pastoral passou a ser considerada uma ação da Igreja, e não mais apenas dos seus pastores, isto é, dos ministros ordenados, em vista da sua autoedificação, a qual contempla três serviços:

---

5 Sempre que se faz uma relação direta entre os termos *pastor* e *pastoral* aos ministros ordenados, a ação pastoral é entendida como algo que se refere a eles, e não a todo o Povo de Deus.

o da palavra, o dos sacramentos e o da ação sociocaritativa. Desde o Concílio Vaticano II, a ação pastoral da Igreja passou a ter como objetivo principal a edificação do Reino de Deus.

Para entender adequadamente essa ação, é preciso, antes de mais nada, lembrar o primado da graça, isto é, a consciência de que o agente primeiro não é a comunidade eclesial nem o indivíduo, mas Deus; nós somos apenas colaboradores. Santos (2002) esclarece que, do ponto de vista prático, isso significa, em primeiro lugar, que o Espírito Santo precede e acompanha com sua ação toda a pastoral da Igreja. Como afirma João Paulo II, o Espírito não apenas age no coração dos missionários, mas os precede naqueles a quem eles forem enviados, suscitando neles inquietudes religiosas e existenciais e infundindo as "sementes do Verbo" presente nos ritos e nas culturas dos povos (RM, n. 28). Reconhecer o primado da graça implica a consciência de que os resultados da ação pastoral não dependem, primordialmente, da ação eclesial, mas da ação de Deus. O Espírito Santo é o verdadeiro protagonista da missão (RM, n. 30) e, como mencionamos, nós somos apenas seus colaboradores.

Para se referir às diversas atividades que a Igreja realiza, com vistas a cumprir sua missão, costumam-se usar os termos *ação*, *prática* e *práxis*. A palavra *prática*, porém, não é muito bem-vista, sobretudo pelo fato de ser normalmente entendida como algo que se opõe à teoria ou à reflexão. *Prática* tem a conotação de algo rotineiro, repetitivo, sem o contínuo confronto com a reflexão; o termo indica o ato de realizar algo para alcançar resultados imediatos. Os teólogos e os pastoralistas em geral têm evitado a expressão *prática pastoral*, para enfatizar que a ação pastoral não é uma simples prática, estranha à reflexão[6]. Para reforçar a estreita relação entre teoria e prática na ação pastoral, é bastante difuso o uso da expressão *práxis pastoral* ou *práxis eclesial*. A palavra

---

6 A palavra *prática* deriva do termo grego *praticós*, que indica o sujeito que pratica um ato, um comportamento.

práxis, também de origem grega, foi usada no início do século XIX por K. Marx (1818-1883), expressando uma ação revolucionária na qual se une a prática com a teoria (Floristán, 2002a). Nessa perspectiva, tem proximidade com a expressão *ação pastoral* ou *ação eclesial*, que, apesar de ter um sentido prático – fazer, realizar –, mantém uma estreita relação com a teoria[7]. Para que uma ação pastoral seja realmente eficaz, ela precisa ser sempre acompanhada por reflexão, seja por parte dos teólogos, seja por parte dos seus próprios protagonistas, que são os membros do Corpo de Cristo.

Convém ressaltar que a ação, da mesma forma como não se contrapõe à teoria e à reflexão, não se contrapõe à contemplação. Uma visão teológica errônea que entende a espiritualidade como práticas desencarnadas da realidade e da vida cotidiana tende a considerar a contemplação inimiga da ação, uma espécie de fuga da realidade que conduz à alienação. Pelo contrário, a contemplação, sobretudo do mistério de Cristo, coloca-nos em contato com o rosto misericordioso de Deus, que quer a vida e a salvação de todos os seus filhos e, consequentemente, compromete-nos com sua missão[8].

A história da salvação é uma progressiva revelação do rosto de Deus em resposta ao ser humano que anseia por estar diante de sua face: "É a vossa face, Senhor, que eu procuro" (Sl 27,8). Entretanto, mais do que na contemplação, a espiritualidade da antiga Aliança estava baseada na escuta da voz de Deus. A revelação do seu rosto acontece de modo eminente na pessoa de Jesus. Como diz Santos (2002), em Jesus de Nazaré, Deus adquiriu um rosto que lhe permite ser reconhecido: "Quem me vê, vê o Pai" (Jo 14,9). Jesus não é apenas a palavra do Pai (Jo 1,1), mas também o ícone (Cl 1,15); por isso, não basta ouvi-lo,

---

7 Como afirma Santos (2002), todo plano de pastoral precisa ter um referencial teórico como fonte de inspiração.

8 É interessante notar como os grandes místicos cristãos tinham um empenho apostólico admirável. Apenas a título de exemplo, poderíamos citar nesse sentido: Santa Teresa de Ávila, Santo Inácio de Loyola, São Vicente de Paulo e Madre Teresa de Calcutá.

é preciso contemplá-lo. O discípulo missionário é chamado a estar em comunhão com Cristo vivo, "pela graça, pela prece, pela amizade e pelo amor" (Santos, 2002, p. 12).

A verdadeira contemplação de Jesus Cristo leva à ação. Seu modo de tratar, acolher, perdoar e libertar as pessoas torna-se fascinante e faz brotar o desejo de atualizar, no hoje da história, sua ação salvadora. Essa contemplação se realiza, de modo particular, em momentos de silêncio e de oração, guiados pelo Evangelho, mas também na cotidianidade da vida, diante de tudo o que se apresenta aos nossos olhos. Ser contemplativo na ação significa ter a capacidade de perceber a presença de Deus em todas as coisas: no pobre, que precisa de ajuda; na pessoa solidária, que generosamente nos estende a mão; nas maravilhas do universo, que silenciosamente cantam a glória de Deus.

Uma ação apostólica separada da reflexão e da contemplação arrisca perder completamente o rumo e a razão de ser. Em resumo, a ação pastoral é a atualização da práxis de Jesus, na sua solidariedade para com os mais necessitados e na sua fidelidade à missão que lhe foi conferida pelo Pai (Lc 4,16-20). A missão de Jesus se desenvolve por vários aspectos: na proclamação do querigma, pelo processo de evangelização; no desenvolvimento da *didaké* (catequese), pelo aprofundamento do anúncio da Palavra para o grupo dos discípulos mais próximos; no ministério da *diakonia*, na libertação dos pobres e oprimidos em vista da nova humanidade dos filhos de Deus; no ministério da *koinonia*, pelo qual busca criar comunhão entre seus discípulos; e na celebração da *leitourgia* (liturgia) como alimento para a vida e antecipação do banquete do Reino (Floristán, 2002a).

O projeto de Jesus é o Reino de Deus, na sua dupla expressão. Em primeiro lugar, ele é dom e se faz presente na ação de Jesus, que anuncia sua novidade e, ao mesmo tempo, age transformando tudo aquilo que é contrário ao Reino e que, portanto, ameaça e minimiza a vida dos filhos de Deus. Em segundo lugar, o anúncio do Reino constitui um chamado à conversão pessoal e ao compromisso de cooperar com Deus no seu projeto de salvação. A participação em sua missão implica revestir-se do espírito de Jesus e assimilar seu modo de ser e de agir, com base na nova lógica de quem não veio para ser servido, mas para servir (Jo 13,1-15) e dar a vida pelos seus (Jo 15,13).

A concepção de Jesus com relação à autoridade e ao poder é realmente revolucionária e Ele demonstra consciência disso: "Sabeis que aqueles que vemos governar as nações as dominam, e os seus grandes as tiranizam. Entre vós não será assim: ao contrário, aquele que dentre vós quiser ser grande, seja o vosso servidor, e aquele que quiser ser o primeiro dentre vós, seja o servo de todos" (Mc 10,43-44). Esse é o espírito com que todos os discípulos missionários são chamados a viver seu serviço ao Reino de Deus. Ninguém é ministro em benefício próprio, mas da comunidade. A práxis e o ensinamento de Jesus devem tecer o fio condutor de toda a ação pastoral da Igreja.

Parte dessa ação ocorre no interior da comunidade eclesial – *ad intra* – e tem como objetivo primeiro a edificação da Igreja. Outra parte se realiza diretamente no mundo – *ad extra* – como empenho na transformação das situações de pecado – violência, injustiças e opressão –, com vistas à construção do Reino de Deus. Como diz São Tiago (Tg 2,17), a fé sem obras é morta. Em outras palavras, a fé em Jesus Cristo, quando verdadeira, leva-nos a assumir com empenho a continuidade da sua missão. Os discípulos são chamados para acolher em sua vida a salvação trazida por Jesus e, em seguida, para serem portadores dela para todos os povos.

Toda ação pastoral da Igreja precisa ser vivida sob a ótica da espiritualidade da comunhão, que tem como referência fundamental a Santíssima Trindade. A íntima relação entre as três pessoas – Pai, Filho e Espírito Santo – é o modelo de comunhão no qual a Igreja é chamada a se espelhar continuamente. O termo grego *pericórese*, usado pela teologia desde os primeiros séculos para expressar a intimidade e a profundidade das relações pessoais na Trindade, indica a compenetração das pessoas divinas: uma está presente na outra, sem confundir-se com ela; quando uma age, as outras estão ativamente presentes. Dessa forma, tanto a Criação quanto a história da salvação envolvem de forma efetiva e contínua as três pessoas. A expressão indica ainda que na Trindade tudo é comum: a divindade, a eternidade, a misericórdia e a beleza; significa também "que a identidade de cada pessoa divina se encontra na relação com a outra" (Santos, 2002, p. 18). A espiritualidade da comunhão consiste em fazer com que a comunhão da Trindade seja sempre a fonte primeira de inspiração na relação dos membros da Igreja entre si e em toda a ação pastoral.

O episcopado latino-americano lembra que cada batizado é portador de dons que recebeu do Espírito, os quais devem ser desenvolvidos em comunhão e complementaridade com os dons dos outros. A comunhão eclesial não é fruto da uniformidade – mesma maneira de ser, de pensar e de servir –, mas da ação do Espírito, que, quando acolhida, cria comunhão entre pessoas diferentes. A riqueza não está na uniformidade, mas na pluralidade de carismas, ministérios e serviços, pelos quais se edifica o Reino de Deus. "O reconhecimento prático da unidade orgânica e da diversidade de funções assegurará maior vitalidade missionária e será sinal e instrumento de reconciliação e paz para nossos povos" (DAp, n. 162)

5.3 Planejamento pastoral

Antes de tratar propriamente do planejamento pastoral, é fundamental recordar alguns elementos que o antecedem. Em primeiro lugar, a V Conferência Geral do Episcopado Latino-Americano e do Caribe fez um convite incisivo à Igreja: repensar de forma profunda e relançar a ação evangelizadora com fidelidade e audácia, diante das novas circunstâncias do continente e do mundo como um todo. Para isso, é preciso evitar posições negativas de quem se deixa conduzir pelo pessimismo ou trata de forma simplista a complexidade com que se apresenta a sociedade contemporânea. Pelo contrário, é necessária uma atitude consciente e positiva para "confirmar, renovar e revitalizar a novidade do Evangelho arraigada em nossa história, a partir de um encontro pessoal e comunitário com Jesus Cristo, que desperte discípulos e missionários" (DAp, n. 11). Para tal revitalização, não bastam programas e estruturas; é preciso homens e mulheres renovados, solidamente ancorados na fé, apaixonados por Jesus Cristo e pelo seu Reino, mas, ao mesmo tempo, abertos à novidade para compreender a sensibilidade do ser humano contemporâneo.

Esse empenho missionário envolve toda a Igreja e, segundo o documento de Aparecida, "De modo especial o laicato, devidamente formado, deve atuar como verdadeiro sujeito eclesial" (DAp, n. 497). Essa decisão missionária deve impregnar todos os planos pastorais, sejam na diocese, sejam na paróquia, sejam em comunidades religiosas e movimentos (DAp, n. 365). São justamente os planos elaborados em comunidade que garantem uma pastoral orgânica que envolve e compromete todos os segmentos e membros da comunidade eclesial[9].

A elaboração de um plano pastoral tem como ponto de partida dois elementos de referência: o primeiro é o plano de Deus que quer a salvação, isto é, vida plena para todos os seus filhos; o segundo é a realidade concreta, marcada por carências e problemas que apelam para uma ação eficaz . O horizonte para onde caminhamos e meta última de toda a ação evangelizadora é o crescimento do Reino de Deus, no qual o bem vence o mal e a vida vence a morte. Da leitura atenta da realidade,

---

9 Conrado (2008) nota que é preciso evitar atitudes extremas no campo da ação pastoral. De um lado, o espontaneísmo, marcado pela ausência de critérios, de reflexão e de avaliação; de outro, a utilização exagerada das ciências humanas, o que pode levar a uma pastoral tecnocrata, na qual sobejam organização e burocracia.

a comunidade eclesial compreende quais são as situações mais graves e mais urgentes que a interpelam.

Na perspectiva da comunhão e participação, que se afirmou desde o Concílio Vaticano II e foi decididamente acolhida pela Igreja Latino-Americana e do Caribe, podemos dizer que o sujeito do plano pastoral é a comunidade eclesial, coordenada e guiada pelos seus pastores. O grande objetivo do plano é criar unidade e corresponsabilidade na missão da Igreja. Para que isso aconteça, é necessário dar à comunidade a oportunidade – por meio de uma metodologia adequada – de participar na elaboração do plano, expressando seus anseios e seus propósitos. O engajamento na ação pastoral orgânica – um dos grandes objetivos do plano pastoral – será, muito provavelmente, proporcional ao efetivo engajamento na elaboração do plano[10]. Pelo batismo, todos os cristãos tornam-se partícipes e corresponsáveis pela missão da Igreja, e é de suma importância que quem partilha da responsabilidade na ação tenha o direito de participar na programação.

Como afirmamos, a grande meta da ação pastoral da Igreja é o crescimento do Reino até que ele chegue à sua plenitude. Essa meta nunca pode desaparecer de nosso horizonte, sob pena de perdermos o ponto de referência em direção ao qual devemos caminhar. Por outro lado, na sua relação com o plano pastoral, precisamos notar duas coisas: o Reino configura-se como meta, não como objetivo; seu crescimento depende da graça de Deus e da disponibilidade de acolhida por parte do ser humano. Isso mostra que estamos diante de dois elementos que não estão sob nosso controle.

Para que o plano pastoral possa dar unidade e objetividade à ação evangelizadora, é preciso, então, que ele estabeleça objetivos concretos,

---

10 "A melhor maneira de um plano ser assimilado é que tomem parte direta ou representativamente, no processo de sua formulação, todos os implicados. Assim, os diferentes agentes se sentirão membros ativos do Povo de Deus, corresponsáveis pela missão da Igreja" (Conrado, 2008, p. 84). Nessa fase, é importante ouvir também pessoas externas à comunidade eclesial, as quais olham para a realidade a partir de outro ponto de vista, o que é muito enriquecedor.

que efetivamente podem ser realizados pela ação pastoral da comunidade. Como não é possível intervir na liberdade de decisão dos outros, os objetivos, para serem tomados como tais, precisam se colocar no âmbito do que a comunidade pode oferecer, a fim de que as pessoas tenham a possibilidade de conhecer a Palavra, crescer na fé e acolher a novidade do Reino, capaz de transformar a sua vida e a realidade em que estão inseridas.

Os objetivos podem ser definidos como metas intermediárias, concretas e avaliáveis que se colocam no âmbito da ação humana, realizada no tempo e no espaço. Payá (2005) faz uma distinção entre metas, finalidades e objetivos. Como dissemos no início desta reflexão, a meta última de um plano pastoral é o crescimento do Reino de Deus. A meta, porém, não é algo operacional. O mesmo acontece com as finalidades da ação pastoral: crescer na fé, viver a comunhão e anunciar a todos a palavra de Deus[11]. Os objetivos se distinguem das metas e das finalidades, justamente por se colocarem no âmbito da ação humana. Um exemplo pode elucidar essa informação: fortalecer e aprofundar a fé do povo cristão é, na compreensão do autor, uma finalidade. Todavia, ela não é operacional nem avaliável, pois não há como medir se a fé foi fortalecida e aprofundada. Na elaboração do plano pastoral, é preciso perguntar-se: O que é necessário fazer para que as pessoas da comunidade possam aprofundar e fortalecer sua fé? As respostas a essa pergunta se colocam no âmbito da ação humana e se transformam em objetivos do plano pastoral. Permanecendo no exemplo, pode ser que a comunidade diga que é importante oferecer uma catequese para adultos, organizar um curso sobre a palavra de Deus ou formar um grupo de oração. Esses são objetivos concretos que poderão ser operacionalizados. Essas ações são vistas como fundamentais, porque a comunidade eclesial acredita que o Espírito Santo se servirá delas para construir a Igreja e o Reino de Deus.

---

11 Como podemos perceber, as finalidades não se colocam no âmbito de ações concretas. De forma análoga às metas, elas são uma espécie de horizonte para onde caminhamos sem nunca alcançá-lo plenamente. São importantes, pois dão um norte para a ação pastoral da Igreja.

Assim, cada objetivo indica uma ação concreta a ser feita em determinado tempo e espaço por uma pessoa, por um grupo ou por uma comunidade. Justamente por ser concreta, pode ser avaliada: é possível determinar se foi realizada ou não, bem como expressar um juízo de valor sobre sua realização.

A escolha dos objetivos deve ser realizada fundamentalmente com base em dois elementos. O primeiro ponto de referência é que é preciso ter presente o projeto da Igreja que, em nível universal, se expressa nos documentos conciliares, Exortações Apostólicas, Encíclicas e demais documentos pontifícios. Em âmbito continental e nacional, temos os documentos das conferências episcopais[12]. O segundo ponto de referência é a realidade concreta local, que desafia a comunidade que está elaborando seu plano pastoral. Portanto, o plano pressupõe sempre uma análise da situação concreta da comunidade e do meio no qual ela está inserida. Os objetivos do plano devem dar respostas aos desafios da realidade da comunidade e do meio.

Dentre os desafios que nos vêm da realidade da comunidade e do meio, é importante estabelecer uma ordem de prioridade. No entusiasmo, corremos o risco de estabelecer muitos objetivos, sem que tenhamos reais possibilidades de realizá-los. Payá (2005) lembra que os objetivos devem ser poucos, claros, concretos, significativos e avaliáveis. Poucos: não é possível nos preocuparmos com muitas coisas ao mesmo tempo; é preciso ser realista e propor apenas objetivos que a comunidade tenha condições de realizar[13]. Claros: a capacidade de compreensão dos membros da comunidade, normalmente, é bastante variada; por isso, é preciso que se use uma formulação simples, de modo que seja compreensível. Se a proposta é confusa, dificilmente conhecerá alguma realização.

---

12 A Conferência Nacional dos Bispos do Brasil (CNBB), a cada quatro anos, reelabora as Diretrizes Gerais da Ação Evangelizadora da Igreja do Brasil. Ao lado das diretrizes, outros documentos apresentam temas particulares e orientações pastorais.

13 Um número excessivo de objetivos faz com que muitos deles fiquem no papel, tornando-se motivo de frustração no momento da avaliação.

Realistas: precisam ser adequados tanto à realidade dos destinatários, quanto à realidade da comunidade que se responsabiliza pela realização deles. Por fim, devem ser avaliáveis; é preciso que, no decorrer do processo e em sua conclusão, a comunidade consiga avaliar concretamente se os objetivos estão ou não sendo atingidos.

Para que se possa ter uma pastoral de conjunto, no momento da elaboração do plano pastoral, a diocese precisa ter presente as orientações da Igreja universal, bem como as orientações das conferências episcopais continentais e nacionais. A paróquia, por sua vez, acrescenta a essas orientações as da diocese na qual está inserida. De forma análoga, na paróquia – comunidade de comunidades –, onde cada comunidade, grupo ou movimento fará sua programação e estabelecerá seus objetivos, é de fundamental importância que eles sejam estabelecidos com o plano da pastoral paroquial.

É pela programação que os objetivos são transformados em ações pastorais concretas, são estabelecidos os prazos para sua realização, definidos os lugares onde as ações serão realizadas, as pessoas responsáveis pela sua execução e estabelecidos os meios necessários para que possam acontecer (Conrado, 2008).

Floristán (2002b) propõe uma série de etapas em relação ao plano pastoral. A primeira é constituída pela análise da realidade que engloba o mundo a evangelizar e a própria comunidade eclesial. A segunda é a escolha dos objetivos da ação pastoral a serem realizados a curto, médio e longo prazo. A terceira se constrói pela organização dos agentes pastorais com base nos princípios da comunhão e participação, em que todos se sentem corresponsáveis pela execução do projeto, na diversidade de ministérios e serviços. A quarta etapa consiste na realização da ação pastoral, que se apesenta como uma forma de intervenção na realidade em vista de transformá-la. A quinta etapa é a avaliação da ação pastoral. Todas essas ações devem ser periodicamente avaliadas, para verificar se estão se desenvolvendo na forma esperada e, sobretudo, se estão contribuindo positivamente para que os objetivos sejam atingidos.

O plano pastoral é como um guia que orienta o processo formativo, celebrativo e missionário da comunidade eclesial.

5.4 Avaliação da ação pastoral

Certamente, até este momento já estabelecemos certa familiaridade com o tema da avaliação. Ela é conhecida, de modo particular, pelo ambiente escolar, no qual as avaliações são constantes em função de gerar uma nota que pretende expressar o rendimento dos alunos em determinado curso. A avaliação de desempenho é comum também no ambiente empresarial, no qual se busca avaliar o rendimento do colaborador e se está ou não correspondendo às expectativas da empresa. Nesse caso, a avaliação acontece durante ou depois das atividades, buscando conhecer o grau de eficiência do colaborador.

Em certas situações, a avaliação ocorre antes dos fatos. Trata-se da análise da realidade, com o objetivo de conhecer sua real situação. Nesse caso, o termo *avaliação* pode ter a conotação de apreciação ou estimativa. Podemos entender melhor pela visão do que acontece no mercado imobiliário. É prática comum a avaliação feita por um avaliador especializado, para determinar qual é o valor real de determinado imóvel nas atuais condições do mercado.

Em certas situações, a avaliação pode ter o objetivo de conhecer a realidade concreta de uma pessoa ou grupo social, em vista de um projeto a ser assumido. É normal que alguém, antes de iniciar um curso, crie uma empresa, ou até mesmo assuma compromissos nos mais diversos âmbitos de vida e avalie suas reais condições de concluir o que estaria para iniciar. Jesus já falava da insensatez de quem inicia um projeto sem avaliar antes sua capacidade para levá-lo a termo: "Quem de vós, com efeito, querendo construir uma torre, primeiro não se senta para calcular as despesas e ponderar se tem com que terminar? Não aconteça que, tendo colocado o alicerce e não sendo capaz de acabar, todos os que virem comecem a caçoar dele" (Lc 14,28-29). O Mestre refere-se aqui à importância de saber qual é a real situação, em vista de um projeto. No contexto pastoral, essa análise faz parte do primeiro passo da programação pastoral, que é a leitura da realidade.

Ao falarmos de avaliação no âmbito pastoral, portanto, não estamos nos referindo a esse primeiro passo, mas à análise da atuação sobre a realidade e o impacto causado sobre ela. Por *avaliação*, nesse caso, entendemos a análise do real impacto, causado por determinada ação numa situação concreta, conhecida pela leitura da realidade.

A avaliação pode ser feita no final, quando se tiver realizado o projeto na sua totalidade. Muito mais interessante, porém, é uma avaliação contínua, pois traz uma série de benefícios à realização do projeto. Payá (2005) afirma que a avaliação continuada permite: 1. Fazer adaptações ao plano, com base no conhecimento mais aprofundado da realidade que se tem no decorrer da realização dele; 2. Enriquecer o projeto inicial, com base na experiência cristã vivida ao longo do processo de implantação do projeto; 3. Comprometer, ainda mais, no projeto o grupo responsável pela atuação dele; 4. Verificar se as ações previstas são realmente adequadas para alcançar os objetivos previstos; 5. Verificar se todos os agentes entenderam adequadamente os objetivos do projeto e se estão desenvolvendo as ações propostas de maneira adequada; 6. Perceber em que modo e em que grau o projeto está sendo recebido e até mesmo participado por parte dos destinatários. Na medida em que se compara a realidade como era antes, como se encontra durante e, sobretudo, no final da realização do projeto, pode-se perceber de que modo ele contribuiu para uma real transformação do ambiente[14].

Ao avaliarmos o andamento de um projeto pastoral, precisamos estar conscientes de que estamos diante de dois mistérios: o mistério de Deus, que age quando, onde e como quer, e o mistério do homem, que, na sua liberdade, pode ou não acolher a ação pastoral e os próprios frutos da graça de Deus (Payá, 2005). Em uma de suas parábolas, Jesus deixa claro que a semente germina e cresce não pela ação do semeador, mas por uma força que está dentro dela mesma. Mesmo assim, a ação do semeador é de fundamental importância, bem como a preparação do solo onde a semente é jogada (Mt 13,4-9).

Dito isso, podemos então nos perguntar: o que é que precisamos avaliar? Segundo Payá (2005), em primeiro lugar, é preciso avaliar o programa, do qual fazem parte: 1. Os objetivos: foram ou não alcançados? Com base na experiência de execução do projeto, consideramos que os objetivos propostos na programação são realmente os mais importantes e, ao mesmo tempo, adequados à realidade em que estamos atuando, tendo em vista a finalidade de toda a ação pastoral que é o crescimento do Reino de Deus?; 2. As ações: é fundamental avaliar se estão sendo realizadas conforme a programação e se estão se demonstrando eficazes na busca dos objetivos propostos; 3. Sujeitos: é preciso verificar o real compromisso do grupo responsável pela atuação do projeto e ao mesmo tempo a adequação de suas atitudes e ações para a eficácia dele; 4. Cronograma: é importante também verificar se as ações estão sendo realizadas conforme o calendário previsto; caso a resposta seja negativa, é preciso perguntar-se sobre os motivos dessa não correspondência; pode ser que o próprio cronograma precise ser repensado, em função de variáveis que são específicas de cada ambiente ou se estão ocorrendo

---

14 Perceba como isso mostra a importância da primeira leitura – ver –, pois, se não conhecemos a realidade anterior à ação pastoral, não teremos condições de dizer se houve ou não transformações a partir da ação realizada.

falhas na implantação do projeto, que precisam ser corrigidas; 5. Meios: por fim é fundamental avaliar se os meios e as estratégias usadas são adequados às situações concretas em que o projeto está sendo implementado.

Em segundo lugar, é preciso avaliar o próprio plano pastoral em diversos de seus aspectos: 1. A realidade da comunidade: é fundamental avaliar se a realidade que encontramos na ação pastoral coincide com a leitura da realidade feita no início da programação; além disso, é importante analisar se no decorrer da ação foram detectadas novas carências e dificuldades, bem como novas potencialidades, e se as prioridades estabelecidas respondem às reais necessidades da comunidade ou se existem outras ainda mais importantes e urgentes; 2. Os objetivos gerais: convém avaliar, com base na experiência, se eles estão bem formulados e se correspondem às reais necessidades da comunidade ou se precisam ser reformulados com base em um maior conhecimento da realidade que nasce de um contato mais próximo com a mesma durante a execução do projeto pastoral; 3. As etapas: é fundamental avaliar se os objetivos concretos de cada etapa foram alcançados e, em caso de resposta afirmativa, se o foram dentro do prazo previsto pelo relativo cronograma; 4. Os resultados: é também muito importante avaliar o nível de transformação da realidade que se está alcançando com a implantação do projeto, pois, embora a ação da graça seja invisível, ela se torna perceptível pelos frutos que se manifestam na vida das pessoas e da comunidade como um todo (Gl 5,22).

Os resultados da avaliação, porém, precisam ser tratados com cuidado. Quando a avaliação demonstra que houve transformação, seria prematuro atribuí-la automaticamente à ação pastoral realizada: a realidade não é estática e pode ter havido influência de outros fatores. Por outro lado, se não houve as mudanças previstas, isso, por si só, não determina a ineficiência da ação, pois pode ter ocorrido que a ação pastoral tenha surtido efeito positivo, o qual, porém, pode ter sido anulado pela influência de outros fatores.

De outro lado, a ausência dos resultados previstos pode também indicar falhas nas ações realizadas. Nesse caso, serão necessárias mudanças de estratégias, de meios e até mesmo dos sujeitos da ação, caso a experiência demonstre que eles não têm o perfil adequado para aquela determinada situação. A avaliação pode indicar também a necessidade de reformulação do projeto pastoral, caso se verifique que as falhas estão no projeto e não nas ações que o colocaram em prática.

Síntese

Como certamente foi percebido pela reflexão desenvolvida neste capítulo, a corresponsabilidade na ação pastoral, que a Igreja deseja que seja vivida por todos os seus membros, exige que as dimensões da comunhão e da participação sejam vividas em todas as etapas que envolvem a ação pastoral: elaboração do plano pastoral; execução do plano pastoral e avaliação da ação pastoral. Somente quem participa efetivamente de todas essas etapas realmente se sentirá corresponsável pela missão da Igreja. O plano pastoral orienta a ação evangelizadora com objetivos criteriosamente estabelecidos; a avaliação permite compreender os reais efeitos da ação pastoral e pode indicar a necessidade de eventuais mudanças.

Indicação cultural

Artigo

CONRADO, S. Colegialidade em tempos de mudança. **Revista de Cultura Teológica**, n. 83, ano 21, p. 171-193, jul./dez. 2013. Disponível em: <https://revistas.pucsp.br/index.php/culturateo/article/view/17389>. Acesso em: 28 fev. 2018.

Trata-se de um excelente artigo para compreender o princípio da colegialidade e suas implicações na pastoral da Igreja.

Atividades de autoavaliação

1. Segundo o Documento de Aparecida – DAp, no que se refere à relação entre discipulado, missão e comunidade, é correto afirmar que:
   a) os três formam uma tríade inseparável.
   b) o discipulado como seguimento de Jesus é mais importante que a vivência comunitária e a participação na missão da Igreja.
   c) o discipulado e a missão referem-se a uma relação pessoal com Cristo, sem que haja uma exigência de tipo comunitário.
   d) a vivência na comunidade, por expressar a unidade da Trindade, é mais importante que o discipulado e a participação na missão da Igreja.

2. Em relação aos leigos, o documento de Aparecida afirma que:
   a) são chamados a colaborar na missão dos bispos e sacerdotes.
   b) sua missão específica se realiza no interior da comunidade eclesial.
   c) sua missão específica se realiza no mundo.
   d) não participam diretamente da missão da Igreja.

3. Em relação ao conceito de participação desenvolvido pelos documentos eclesiais mais recentes, é correto afirmar que:
   a) ele se restringe às relações entre os membros das comunidades cristãs.
   b) compreende o âmbito eclesial, mas se estende para a sociedade como um todo.
   c) restringe-se ao âmbito paroquial, no qual todos são chamados a participar das celebrações dominicais.
   d) refere-se às atividades nas pequenas comunidades ou movimentos existentes no âmbito paroquial.

4. A elaboração do plano pastoral é fundamental para evitar a improvisação, ter clareza de objetivos e congregar os esforços em vista de

uma meta comum. Com base na dinâmica da comunhão e participação assumida pelos documentos recentes do episcopado latino-americano, podemos dizer que o sujeito do plano pastoral é:

a) a comunidade eclesial coordenada pelos seus pastores.

b) o bispo.

c) o bispo auxiliado pelos seus sacerdotes.

d) o papa auxiliado pelo colégio episcopal.

5. Segundo Floristán, a primeira etapa do plano pastoral é constituída pela:

a) escolha dos objetivos.

b) análise da realidade.

c) organização dos agentes de pastoral.

d) avaliação da ação pastoral.

Atividades de aprendizagem

Questões para reflexão

1. "A melhor maneira de um plano ser assimilado é que tomem parte, direta ou representativamente, no processo de sua formulação, todos os implicados. Assim, os diferentes agentes se sentirão membros ativos do Povo de Deus, corresponsáveis pela missão da Igreja" (Conrado, 2008, p. 84). Elabore um texto argumentativo expressando sua concordância ou discordância em relação ao texto.

2. Com base na reflexão desenvolvida neste capítulo, escreva um breve texto no qual você estabelece as diferenças entre finalidade e objetivos da ação pastoral. Dê exemplos.

Atividade aplicada: prática

1. Faça uma breve síntese das principais ideias desenvolvidas, neste capítulo, sobre planejamento pastoral e avaliação pastoral.

6
Teologia pastoral especial

$\mathcal{E}$ ste capítulo tem o objetivo de apresentar a pastoral da Igreja com base na tríade: pastoral profética, pastoral litúrgica e pastoral da comunhão e do serviço, elaborada pela teologia pastoral com base no tríplice múnus de Cristo: profético, sacerdotal e pastoral. Pelo desenvolvimento do tema, você poderá compreender o que significa cada uma delas e, ao mesmo tempo, as relações que intercorrem entre elas.

6.1 Alguns acenos históricos

Ao iniciar este capítulo, poderíamos nos perguntar em que consiste a ação pastoral. O que entendemos exatamente por pastoral? Um breve aceno histórico nos mostra que a ação pastoral foi tematizada de forma diferenciada pelos autores. Como você poderá perceber, foi longo o itinerário de reflexão que conduziu à sistematização teológica que conhecemos hoje.

Karl Rahner publicou, em 1964, o manual alemão de teologia pastoral – *Handbuch der Pastoraltheologie* –, no qual analisa as funções que permitem à igreja realizar a sua missão de ser sacramento primordial da presença de Deus entre os homens e enumera as que, segundo ele, são as essenciais: a proclamação da Palavra, o culto, a celebração dos sacramentos, a disciplina canônica, a vida cristã considerada em todas as suas dimensões e a caridade. Na continuação da sua reflexão, ele mesmo fala que a caridade poderia ser unida à vida cristã; a disciplina canônica poderia ser vista como parte da administração dos sacramentos; e o culto poderia ser integrado nessa celebração. Com base nisso, Rahner fala de três funções básicas da pastoral: proclamação da Palavra, a vivência da caridade e a celebração dos sacramentos.

O teólogo pastoralista alemão V. Schurr (1974) usa a expressão *ações eclesiais*, para expressar o conjunto de atividades pelas quais a Igreja realiza a sua missão tanto em relação à própria edificação quanto em relação ao serviço em vista da salvação da humanidade. Para isso, serve-se do esquema tripartido das funções: doutrinal, sacerdotal e pastoral. Em outras palavras, segundo ele, a Igreja tem a função de ensinar, celebrar e guiar. Essas três funções ministeriais, segundo ele, se realizam nos seguintes campos de ação: homilética, catequética, liturgia, serviço cristão ao mundo e direção da Igreja.

Por sua vez, R. Zerfass (1982), em vez de centralizar sua atenção nas funções ministeriais da Igreja, prefere deter-se nos campos de ação. A *martyría* – serviço da Palavra – compreende tanto a proclamação da Palavra quanto a formação pela catequese, da iniciação cristã e do ensino religioso; a *diaconía* – serviço aos pobres – compreende a atenção pastoral aos enfermos e pessoas em dificuldades, a direção espiritual e a visita às famílias; a *koinonía* – serviço à paz – abarca a coordenação das comunidades e grupos, bem como a dimensão celebrativa. Como você terá percebido, a novidade no pensamento de Zerfass está no fato de ter proposto a dimensão litúrgica como parte do ministério da *koinonía*. Sua proposta, porém, não teve seguimento.

O teólogo pastoralista norte-americano J. W. Fowler sintetiza as ações eclesiais em cinco funções: administração; proclamação e celebração; solicitude pastoral; formação e transformação das pessoas; compromisso com as estruturas sociais. O teólogo francês J. B. Bagot (citado por Floristán, 2002b) também fala de cinco ações pastorais: proclamação do Evangelho; oração e culto; ação educativa; entreajuda e caridade; organização das estruturas e das comunidades. C. Floristán (2002b), tomando como ponto de partida de sua reflexão a afirmação da constituição *Sacrosanctum Concilium* (SC, n. 10) – "a Liturgia é o cume para o qual tende a ação da Igreja e, ao mesmo tempo, é a fonte donde emana toda a sua força" –, propõe uma divisão da ação pastoral em quatro partes. Duas delas precedem a liturgia: evangelização e catequese; as outras duas sucedem a liturgia: formação da comunidade e serviço ao mundo. D. Borobio (1984), ao analisar o lugar da liturgia na ação da Igreja, propõe quatro dimensões para a pastoral; a da palavra ou profética; a do culto ou da liturgia; a da caridade ou real; a da comunhão ou governo da Igreja. A. Charron também apresenta a missão da Igreja por meio de quatro funções: profética, cultural, hodegética[1] e sociocultural.

---

1 Por *hodegética* se entendem as ações da Igreja que têm em vista sua autoedificação.

L. Maldonado (2002) nota que, atualmente, cada vez mais vai se generalizando o consenso em apresentar a ação pastoral da Igreja em três funções, que são expressas no Novo Testamento por três palavras gregas: *martyría* ou testemunho e anúncio da Palavra; *leiturgía* ou celebração litúrgico sacramental; *diakonia* ou serviço sociocaritativo. Talvez, neste momento, possamos nos perguntar qual o lugar, nesse esquema, da *koinonía*, contemplada por diversos autores, como já referido. Segundo o mesmo autor, mais que por ações específicas, a comunhão é fruto da escuta e da acolhida da Palavra; da celebração da fé na liturgia e da comunhão de bens expressa no serviço em favor dos mais necessitados e da ajuda mútua entre os membros da comunidade. A melhor fonte para conhecer a Igreja são suas próprias ações.

Esse é o esquema que vamos seguir, usando a nomenclatura: pastoral profética, pastoral litúrgica e pastoral da comunhão e do serviço.

6.2 Pastoral profética

O que dá origem e une a comunidade cristã é a Palavra anunciada e testemunhada pelos membros do Corpo de Cristo. Se passarmos os olhos sobre o Antigo Testamento, perceberemos como, por meio de gestos e palavras, Deus fez um caminho progressivo de autocomunicação com seu povo. Suas palavras e gestos não visam a uma simples comunicação de um conteúdo ou doutrina, mas uma proposta de comunhão, na qual o homem pode encontrar o caminho de realização humana e de salvação integral que tanto aspira. Acolhendo essa palavra, ele encontra um novo sentido para a vida, por sua relação filial com Deus. Pelo mistério da Encarnação, o Filho revela ao ser humano sua mais profunda identidade. É nele que a humanidade pode ver realizada toda a dignidade e beleza para a qual foi chamada, desde a Criação. A palavra de Deus pronunciada na Criação faz surgir a vida; a palavra definitiva dada na manhã da Páscoa faz surgir a vida nova, que, ao ser acolhida, conduz o homem para a plenitude de vida (Ramos Guerreira, 2011). É justamente esse anúncio pascal que, segundo o evangelista João, provoca a primeira adesão à fé. Ao encontrar o túmulo vazio, Maria Madalena, assustada, correu para narrar o fato aos discípulos. Pedro e o *outro* discípulo correram e, ao depararem-se com o sepulcro vazio, este último "viu e creu" (Jo 20,8). São Lucas (Lc 24,13-33) nos apresenta o Senhor ressuscitado que se fez companheiro de caminhada dos dois discípulos, que, decepcionados com os fatos ocorridos em Jerusalém, caminhavam em direção a Emaús, separando-se dos demais companheiros que haviam dedicado uns anos de sua vida ao seguimento de Jesus de Nazaré. Pondo-se a caminho com eles, depois de ouvi-los na sua decepção e amargura, Jesus explicou-lhes as Escrituras, tomou o pão, o abençoou e o partiu. Nesse momento seus olhos se abriram e perceberam que pelo caminho seu coração ardia quando Ele lhes falava das Escrituras. A experiência do encontro com o Senhor ressuscitado, com os gestos e com as palavras de Jesus, os fez voltar sobre seus passos para reencontrar os demais discípulos. Gradualmente, vai nascendo e se fortalecendo a comunidade dos seguidores de Jesus. Isso nos mostra como a Palavra ouvida, explicada e contemplada está na origem da formação da comunidade eclesial.

Referindo-se à pregação querigmático-evangélica de Pedro no dia de Pentecostes, Lucas nos diz: "Ouvindo isto, eles sentiram o coração transpassar e perguntaram a Pedro e aos demais apóstolos: 'irmãos, que devemos fazer?' [...] Aqueles, pois, que acolheram a sua palavra, fizeram-se batizar. E acrescentaram-se a eles, naquele dia, cerca de três mil pessoas" (At 2,37-41)[2]. São João, por sua vez, usa a palavra *koinonía* para expressar aquilo que os Apóstolos esperam alcançar pelo anúncio

---

2 Perceba com a adesão à fé a partir da escuta da Palavra conduz à comunidade; acolhendo a pregação de Pedro, as pessoas **acrescentaram-se** aos demais discípulos.

da Palavra: "O que vimos e ouvimos vo-lo anunciamos para que estejais também em comunhão conosco" (1Jo 1,3).

Esses textos, que trouxemos a modo de exemplo, nos mostram como a Igreja é a comunidade dos discípulos do Senhor, reunida pela força da palavra de Deus, que une os membros ao redor da mesma fé, do mesmo amor e da mesma esperança.

Essa palavra de Deus que alcançou sua plenitude no mistério Pascal não deve, porém, ficar restrita ao âmbito eclesial. Pelo contrário, ela deve ser levada a todos os ambientes, para que possa ser luz no mundo e todos os homens, entrando em contato com ela, possam usufruir de sua sabedoria para darem um sentido pleno à sua existência: "[O Verbo] era a luz verdadeira que ilumina todo homem" (Jo 1,9). Esta é missão da Igreja: fazer com que a Palavra seja luz e possa chegar a todas as situações e realidades humanas. Para isso, a comunidade eclesial conta com a presença e ação do Espírito Santo, que abre a mente e o coração dos fiéis para que possam compreender o mistério de Cristo como luz verdadeira que ilumina todo o homem (Jo 1,9), recordando e levando-os a compreender suas próprias palavras (Jo 14,25).

O Deus que, ao longo dos séculos, se havia revelado de diversos modos, manifesta-se de forma plena na pessoa do Filho (Hb 1,1). É Ele a Palavra por excelência de Deus (Jo 1,1). Em Cristo, Deus nos disse tudo o que tinha para nos dizer. Ele é a plenitude da revelação: nele Deus se revelou e revelou também o seu projeto para toda a humanidade. Ele é a Palavra que a Igreja é chamada a anunciar.

Ele mesmo, porém, ensina-nos que esse anúncio precisa ser criativo. Jesus comunica o que crê e vive. Como afirma Pagola (2012), serve-se de uma linguagem clara e simples, que espelha a vida cotidiana dos habitantes da Galileia: seus trabalhos, suas festas, as estações, o cuidado dos rebanhos e das vinhas, as semeaduras e as colheitas, seu lago e suas atividades de pesca. Procura despertar um novo olhar diante da realidade que os circunda, levando-os a entender os mistérios de Deus por meio da simplicidade dos pássaros que voam pelo espaço e da beleza dos lírios que crescem pelos campos (Lc 12,24-28). Utilizando-se de parábolas, faz vibrar seu coração diante das novidades do Reino.

O batismo, ao tornar-nos membros da Igreja no pleno sentido da palavra, nos faz também partícipes de sua missão. Por isso, o Concílio Vaticano II fala do apostolado como um dever e um direito: "Impõe-se pois a todos os cristãos o dever luminoso de colaborar para que a mensagem divina da salvação seja conhecida e acolhida por todos os homens em toda parte" (AA, n. 3). Como no corpo vivo nenhum membro é passivo, mas cada um participa da sua vida e da sua atividade, assim também deve acontecer na Igreja (AA, n. 2), na qual todos e cada um são corresponsáveis pela sua missão.

Outra mediação do apostolado dos leigos é a realidade carismática da igreja: o Espírito Santo distribui seus dons de forma livre aos membros da comunidade eclesial (1Cor 12,11). A profecia, que leva ao anúncio da Palavra, é um dos carismas distribuídos pelo Espírito.

O exercício do apostolado por parte dos membros da comunidade deve ser feito em comunhão com a igreja e, consequentemente, com os seus pastores. Portadores de dons diferentes, os cristãos são chamados a colaborar no anúncio do Evangelho "cada um conforme a oportunidade, faculdade, carisma e função" (AG, n. 28). Os pastores, por sua vez, têm o dever de descobri-los com sentido de fé e encorajar os leigos para que o coloquem a serviço da igreja (PO, n. 9). O juízo sobre a genuinidade dos carismas e sobre o seu exercício ordenado pertence àqueles que presidem a igreja: "Especialmente a eles cabe, não extinguir o Espírito, mas examinar tudo e reter o que é bom" (LG, n. 12). Quem pretendesse exercitar o próprio carisma fora da comunhão com a igreja não seria certamente movido pelo Espírito Santo, que é amor e comunhão. A verdadeira comunhão supõe o respeito pelas funções e carismas de cada um.

Para que os fiéis possam exercer sua função profética, torna-se essencial uma adequada formação. Conforme afirma Ramos Guerreira (2011), uma série de razões evidenciam a necessidade de uma formação aprofundada em todos os fiéis. Em primeiro lugar, vivemos hoje numa sociedade que não oferece uma formação cristã. Essa é uma das diferenças em relação ao período da cristandade em que a sociedade, enquanto tal, era religiosa e pautada sobre os princípios cristãos. Hoje, na realidade em que vivemos, secularizada de um lado, e de outro altamente pluralista do ponto de vista religioso, o cristão, sem uma sólida formação, pode facilmente perder a sua identidade.

Na conferência de Santo Domingo, os bispos latino-americanos e caribenhos chamaram a atenção para a distância que se percebe num número significativo de cristãos, em que a fé não incide sobre a sua vida cotidiana. Um dos motivos para esse fenômeno é, certamente, a falta de uma formação mais aprofundada da própria fé. Nessa nova compreensão da Igreja, em que todos os cristãos são corresponsáveis pelo anúncio do Evangelho, torna-se essencial uma sólida formação para que eles possam ter consciência do que anunciam e, como diz o apóstolo Pedro, possam dar razões de sua fé (1Pd 3,15). A própria experiência humana nos mostra como, em todos os âmbitos, precisamos de uma formação permanente. De modo particular, no contexto do mundo contemporâneo que passa continuamente por mudanças rápidas e profundas, não se consegue conceber um âmbito da vida em que a contínua atualização não seja condição fundamental para continuar participando da mesma sociedade.

O ministério profético é composto de diversas formas de anúncio que, gradualmente, levam à adesão à fé e ao mesmo tempo a um contínuo aprofundamento dela. Como afirma Brighenti (2006), a emancipação da razão prática faz com que o homem contemporâneo submeta a verdade à veracidade, isto é, à sua comprovação histórica. Nisso entram também as verdades da fé. Como consequência, se anunciarmos um Jesus Cristo que salva, um Deus que liberta, uma fé que tem força para transformar a sociedade e um Reino de Deus que é plenitude de vida, precisamos demonstrar, antes de mais nada, que isso é real em nossa vida e no mundo, pela atuação consciente e responsável dos cristãos. Caso isso não transpareça em nossa vida, mesmo que de forma um tanto velada, dificilmente conseguiremos ter credibilidade diante do homem contemporâneo.

É de fundamental importância que o testemunho seja explicitado pelo anúncio da Boa-Nova da salvação na pessoa de Jesus Cristo. Anunciar o Evangelho é sobretudo conduzir as pessoas a Jesus Cristo para que possam conhecê-lo e perceber nele o caminho de vida e salvação oferecido por Deus. Os que recebem o anúncio são, assim, interlocutores que, encontrando Jesus Cristo, fazem seu caminho de acolhida de sua pessoa e de sua mensagem, em diálogo com sua própria cultura. Como afirma Brighenti (2006, p. 91, grifo do original), cada grupo humano irá se apropriar a seu modo do Evangelho: "A tarefa de quem leva a mensagem revelada consiste, sobretudo, em facilitar-lhes o texto da Bíblia, a história do texto, a tradição de sua interpretação e criar o contexto eclesial comunitário de fé necessário para que possam ler, interpretar e assimilar a mensagem adequadamente".

O ministério da profecia inclui também a catequese. A adesão à fé comporta um caminho progressivo de conversão à pessoa de Jesus Cristo e à novidade de vida do Reino de Deus. Poderíamos dizer que a conversão conduz a uma reestruturação geral da vida e uma nova valoração de todas as coisas. A experiência de Deus é, sem dúvida, um marco fundamental no caminho de fé de cada um. Porém, ela não substitui um conhecimento sempre mais aprofundado da palavra de Deus, do ensinamento do Magistério da Igreja e da própria reflexão teológica. Na experiência de Deus nos deparamos com o mistério inefável, e justamente por isso, como demonstrou de forma ampla e clara K. Rahner (1995), podemos interpretar de forma errônea as manifestações de Deus em nossa vida. Por isso, a vida espiritual precisa estar sempre acompanhada pelo aprofundamento dos conteúdos da nossa fé.

A reflexão teológica deve ser a instância crítica que acompanha a vida e a missão da Igreja, confrontando-a com a missão que lhe foi confiada por Deus, para ajudá-la a manter-se fiel ao Evangelho e, ao mesmo tempo, a desenvolver seu ministério profético de forma criativa e significativa no contexto contemporâneo.

6.3 Pastoral litúrgica

Ao lado da pastoral profética e da pastoral do serviço e da comunhão, a pastoral litúrgica compõe as três funções pelas quais a Igreja exerce sua ação pastoral.

A liturgia está intimamente ligada à Palavra, a tal ponto que a celebração dos sacramentos vem sempre precedida de leituras bíblicas. Essa relação é ainda mais evidente na Eucaristia em que, como recorda a Constituição Dogmática *Dei Verbum* (DV, n. 12), a assembleia se reúne ao redor de duas mesas: a da Palavra (liturgia da Palavra) e a da Eucaristia (liturgia eucarística), as quais, segundo o documento, recebem a mesma importância (DV, n. 21, 26).

A pastoral litúrgica está fundamentalmente ligada à sacramentalidade. Celebrando os sacramentos, a Igreja atualiza a obra redentora de Jesus Cristo, comunicando a graça para que, nascidos para a vida nova, os cristãos possam caminhar em direção à plenitude da vida cristã, fortalecidos pela ação do Espírito Santo.

A linguagem litúrgica é essencialmente simbólica. Como afirma Brighenti (2006), o símbolo fala pela poética, pela metáfora e pela estética. Essa linguagem nem sempre é compreensível à primeira vista. É por isso que, nos primeiros séculos, o catecumenato era dividido em duas partes. Na primeira, introduzia-se o catecúmeno na compreensão da palavra de Deus. A segunda parte, chamada mistagógica, tinha como objetivo levar o catecúmeno à compreensão dos mistérios celebrados na liturgia. Era, portanto, uma introdução à linguagem litúrgica[3].

Uma das mudanças bem significativas da renovação litúrgica trazida pelo Concílio Ecumênico Vaticano II foi a incorporação da assembleia na liturgia, prevendo a participação ativa de todos os fiéis (SC, n. 27)[4]. Em consequência, a liturgia, que é normalmente presidida por um ministro ordenado ou instituído, é celebrada por toda a comunidade[5]. A substituição da língua latina pela língua de cada povo não foi apenas uma alteração de forma. Foi uma mudança fundamental, pois possibilitou uma efetiva participação de toda a assembleia, deu maior ênfase ao conteúdo que às rubricas e abriu as portas para uma diversidade de formas de celebrar, contribuindo, assim, para que a liturgia estivesse mais próxima da alma de cada povo.

Outra mudança significativa trazida pelo Concílio Vaticano II foi a revalorização da história da salvação na liturgia, que passou a ter uma clara relação com o passado, enquanto faz memória da salvação realizada por Deus ao longo do tempo e completada por Cristo de modo particular no mistério pascal (SC, n. 5). Dessa forma, a liturgia tem também uma relação com o presente, enquanto atualiza no hoje e na realidade existencial de cada pessoa e de cada comunidade eclesial a salvação oferecida a toda a humanidade. A liturgia tem também uma relação com o futuro, pois lembra ao homem que ele é um ser peregrino, a caminho de sua morada definitiva.

É importante que nos demos conta da relação e, ao mesmo tempo, da distinção entre a ação litúrgica e a pastoral litúrgica. A ação litúrgica se

---

3 É importante ter presente que, pela diversidade de culturas em que a Igreja Católica está inserida, e pela sua abertura para que a liturgia seja adaptada à realidade cultural de cada povo, a liturgia católica se apresenta plural; há diversidade, seja nos seus ritos, seja nos seus símbolos, embora celebre os mesmos mistérios.

4 Esta mudança foi realmente significativa enquanto a assembleia era vista como destinatária passiva da liturgia durante todo o período da cristandade.

5 Conforme afirma o Concílio Vaticano II, a celebração litúrgica é obra de Cristo Sacerdote, juntamente com o seu Corpo, que é a Igreja (SC, n. 7).

refe ao ato de celebrar. É a ação pela qual a Igreja exerce o sacerdócio que lhe foi conferido por Jesus Cristo – sumo e eterno sacerdote – a fim de comunicar a sua graça para a santificação dos fiéis. A pastoral litúrgica refere-se a todas as ações da comunidade que têm em vista fazer com que sua participação seja a mais efetiva e profunda possível, para que a graça de Deus possa encontrar a acolhida necessária e produzir seus melhores frutos. A pastoral litúrgica refere-se, portanto, a todas as ações que têm como objetivo levar a comunidade dos fiéis a compreender melhor o mistério celebrado e a acolher de forma mais frutuosa a graça de Deus, comunicada pela celebração.

Dada a íntima relação entre a liturgia e a vida, podemos dizer que uma parte da ação litúrgica se esgota, ao concluir a celebração. Porém, outra parte vai muito além e se refere ao compromisso concreto de cada fiel, para que a liturgia celebrada possa render, nele e, por meio dele, todos os seus frutos, seja em relação à edificação da comunidade eclesial, seja na sua relação com a edificação do Reino de Deus.

Ramos Guerreira (2011), ao falar da pastoral litúrgica, faz uma distinção entre objetivos próximos e objetivos remotos. Os primeiros se referem à participação da comunidade nas celebrações litúrgicas, a qual deve ser plena, consciente e ativa, de modo a alcançar todas as dimensões da vida dos fiéis e da comunidade como um todo: a dimensão experiencial, que envolve a pessoa na sua totalidade de corpo e alma, sentindo-se parte ativa na celebração e na recepção dos seus frutos; a dimensão ritual e simbólica, pela qual a comunidade celebra por meio de linguagem compreensível a obra da salvação; a dimensão consequencial, que leva os fiéis a viver para além da celebração, a vida pessoal e social, de acordo com aquilo que celebrou. Os objetivos remotos referem-se à formação da comunidade cristã. A liturgia está orientada para a formação de uma autêntica comunidade cristã capaz de atuar, seja no âmbito da vida da comunidade eclesial, seja em relação ao mundo em vista da edificação do Reino.

Recentemente, têm-se feito algumas afirmações que parecem contrapor evangelização e liturgia. Essa oposição, porém, é resultado de posturas teológicas superficiais e de uma situação pastoral em que a iniciação cristã não era fruto de uma ação evangelizadora prévia, capaz de esclarecer o sentido dos sacramentos que a pessoa estava por receber, bem como o empenho existencial que deles decorrem. Os sacramentos, embora comuniquem a graça de Deus, quando recebidos por pessoas sem adequada preparação, muito provavelmente produzirão frutos insignificantes. Em certos momentos da vida da Igreja, chegou-se a uma espécie de absolutização da liturgia, considerando-a praticamente a única ação eclesial. A preocupação maior era em relação à quantidade de sacramentos celebrados, sem haver uma pastoral capaz de cuidar da qualidade da participação dos fiéis nessas celebrações. É nesse contexto que se criou uma espécie de oposição entre o que se chamou de sacramentalização e evangelização.

Dentro de uma adequada compreensão teológico-pastoral, é preciso reconhecer uma relação íntima e profunda entre essas duas ações eclesiais. Como diz Ramos Guerreira (2011), a comunidade que se reúne para a celebração litúrgica é também convocada a viver o Evangelho e a levá-lo ao mundo. Na celebração, o fiel encontra forças e motivos para tal. A Igreja que celebra é a mesma Igreja enviada para anunciar o Evangelho a todos os confins da Terra.

É de fundamental importância uma pastoral litúrgica que mostre, de um lado, a conexão da liturgia com as demais ações pastorais e, de outro lado, como essas ações pastorais encontram na liturgia, ao mesmo tempo, sua plenitude e sua fonte. Com essa expressão, entendemos que a liturgia é fonte das demais ações pastorais, pelo fato de que é nela que ouvimos e refletimos sobre a palavra de Deus que nos convoca para o apostolado e, ao mesmo tempo, é nela também que recebemos a graça de Deus, que nos fortalece para a missão. Ela é também a plenitude das demais ações eclesiais, enquanto estas têm como principal objetivo fazer com que as pessoas, tendo experimentado a salvação, possam reunir-se em comunidade para dar glória a Deus. Uma boa celebração litúrgica não fecha a comunidade num gueto de escolhidos. Pelo contrário, faz contínua referência à vida da Igreja, ao serviço e à presença da comunidade no mundo, e ainda à mensagem que essa comunidade é chamada a transmitir com todo o seu ser.

A pastoral litúrgica precisa mostrar que tudo quanto experimentado na celebração impele a comunidade reunida a sair para anunciar aos demais, de modo que se torne motivo de esperança para o mundo. Um formalismo que distancia os que celebram da realidade em que vivem carece de conteúdo e de veracidade. A liturgia ilumina a realidade e a própria missão da Igreja dentro dela, tornando-se fonte de toda evangelização (Ramos Guerreira, 2011).

Com base em tudo quanto dissemos, certamente você percebe como seria completamente artificial qualquer tentativa de contrapor evangelização e liturgia. Há, na verdade, uma relação íntima entre as duas. De uma parte, a liturgia é o resultado da ação evangelizadora, pois é através dela que as pessoas entram em contato com o Evangelho e professam sua fé passando, assim, a participar da vida da comunidade. De outra parte, quando a liturgia gera empenho e compromisso, ela está na origem da evangelização.

Em vez de separar, é preciso caminhar para uma integração cada vez maior. A liturgia não é uma ilha dentro da comunidade eclesial. Ela precisa ser o coração de todas as ações eclesiais. Como afirma Ramos Guerreira (2011), o Concílio Vaticano II nos recorda de que, para que os homens possam chegar à liturgia, é preciso que antes sejam chamados à fé (SC, n. 9), e a liturgia não esgota a vida espiritual dos fiéis.

6.4 Pastoral da comunhão e do serviço

Num primeiro olhar, pode parecer que falar da comunhão e do serviço – *koinonía* e *diakonia* – na mesma unidade textual seria como tentar refletir sobre dois temas diferentes de forma paralela. Na verdade, porém, no cristianismo, a comunhão e o serviço são duas realidades intimamente ligadas; ao mesmo tempo, uma exige e dá sentido à outra. Ambas, comunhão e serviço, se fundamentam no mandamento do amor.

A comunhão nos remete à comunidade divina. As três pessoas – Pai, Filho e Espírito Santo – estão de tal forma unidas pelo amor que formam um só Deus. Deus é comunhão de amor. É esse mesmo amor que Jesus quer que esteja na base da comunhão dos seus discípulos. Na oração sacerdotal de Jesus que encontramos no Evangelho de João (Jo 17), Jesus intercede pelos seus com estas palavras: "Pai santo, guarda-os em teu nome que me deste para que sejam um como nós" (Jo 17,11). A unidade da Trindade é o ícone da unidade em que a Igreja precisa sempre se espelhar.

Ao contemplar a comunidade divina, damo-nos conta de que se trata de uma comunhão aberta, que se manifesta em duas direções: para fora e para dentro. A primeira grande comunicação do amor trinitário de que temos conhecimento é a Criação. Como já disse o eminente Padre da Igreja, Irineu de Lião (1995), Deus criou tudo quanto existe, não por necessidade ou por alguma forma de constrangimento, mas por amor. Como afirma Brighenti (2006), a criação é fruto desse amor que transborda. Esse mesmo Deus que extravasa seu amor para fora de si, faz aliança com seu povo e convida a todos os seus filhos a participarem desse amor, vivendo em comunhão com Ele[6]. Diante das inúmeras

---

6 Deus convida Abraão a caminhar na sua presença (Gn 17,1); o batismo nos insere em Cristo e nos torna partícipes da vida divina.

rupturas da Aliança por parte dos homens, Deus não se cansa de vir ao nosso encontro e se, ao longo da história nos falou de tantas formas diferentes, na plenitude dos tempos veio ao nosso encontro por meio do seu próprio Filho (Hb 1,1).

Tomando como ponto de partida que o modelo pelo qual a Igreja é chamada a tecer sua vida, suas opções e relações é a Trindade, entendemos com facilidade que não estamos diante de uma comunhão que isola, forma guetos[7], mas de uma comunhão aberta, que se manifesta em duas direções: para fora de si, em forma de serviço à humanidade; para dentro de si, vivendo o amor que une os membros da comunidade e convidando todos os filhos de Deus a participar da comunhão eclesial. Os dois movimentos de saída "para alcançar todas as periferias que precisam da luz do Evangelho" (EG, n. 20) e a constante atitude de acolhida para promover o encontro de todos que desejam tomar parte da comunhão eclesial formam um binômio inseparável no modelo de comunhão, que nos revela a Trindade.

Outro fundamento bíblico da comunhão do serviço é o mandamento do amor: "Dou-vos um mandamento novo; que vos ameis uns aos outros. Como eu vos amei, amai-vos também uns aos outros. Nisso reconhecerão todos que sois meus discípulos, se tiverdes amor uns pelos outros" (Jo 13,34-35).

Paulo (1Cor 1,9; Gl 2,9) usa a palavra *koinonía* para expressar tanto a comunhão dos discípulos com Cristo quanto a comunhão dos cristãos entre si, o que significa que a união de cada membro da comunidade com Cristo e com os demais membros do Corpo de Cristo não tem apenas uma relação mútua, mas também uma exigência mútua. No cristianismo, o amor a Deus e o amor ao próximo são realidades inseparáveis (Jurío Goicoechea, 2002).

---

7 A Igreja se autocompreende como comunidade de comunidades. As diversas comunidades dentro de uma mesma paróquia, os movimentos e grupos são chamados a formar comunhão sob a guia do seu pastor que a sua vez deve promover a comunhão com a diocese que tem no seu bispo, seu principal sinal de unidade com a Igreja universal.

A palavra *diakonia* é fundamental no Novo Testamento. Não é a única palavra para expressar o conceito de serviço, mas é a mais utilizada. Ela aparece inicialmente nas palavras de Jesus, quando fala do serviço à mesa: "Pois, qual é o maior: o que está à mesa, ou aquele que serve? Não é aquele que está à mesa? Eu, porém, estou no meio de vós como aquele que serve!" (Lc 22,27). Jesus, em um gesto profundamente simbólico, não apenas se coloca entre os discípulos como aquele que serve, mas diz de forma explícita que a sua atitude deve pautar todo o ministério que eles mesmos irão exercer na Igreja (Jo 13,1-17).

O próprio Jesus se confrontou com expectativas diferentes por parte dos seus discípulos, quando os dois filhos de Zebedeu formalizaram seu pedido para que, quando estivesse em sua Glória, lhes concedesse sentarem-se um à sua direita e outro à sua esquerda. Jesus então explica que essa é a mentalidade comum entre aqueles que exercem o poder na sociedade, mas sintetiza o novo modo de pensar dos que desejam tomar parte no Reino de Deus: "Sabeis que aqueles que vemos governar as nações as dominam, e os grandes as tiranizam. Entre vós não será assim: ao contrário, aquele que dentre vós quiser ser grande, seja o servo de todos. Pois o Filho do Homem não veio para ser servido, mas para servir e dar a sua vida em resgate por muitos" (Mc 11,43-45).

Essa fundamentação bíblica é muito importante para que possamos perceber como as relações de poder ou autoridade só alcançam seu verdadeiro sentido, do ponto de vista cristão, quando são vividas como um autêntico serviço aos demais. Os discípulos de Jesus têm, diante de seus olhos, a missão da edificação do Reino de Deus. É para ele que devem confluir todas os seus esforços e suas energias. Qualquer atitude de rivalidade ou disputa de poder – a busca dos primeiros lugares – em benefício próprio é completamente estranha ao que Ele viveu e ao mesmo tempo deixou como ensinamento aos seus discípulos.

Os textos bíblicos citados nos colocam diante de princípios decisivos, do ponto de vista teológico e eclesiológico, para entender a *diakonia* cristã. Jesus transcende a dimensão do puro serviço realizado por amor, mostrando que ela alcança sua expressão maior na doação da própria vida assim como Ele mesmo o fez. Jurío Goicoechea (2002) nota que, da mesma forma que Cristo viveu sua vida como entrega-*diakonia*, seus discípulos são chamados a pautar sua vida sobre esse mesmo princípio de doação de si. Os ministérios, dentro da compreensão cristã, são essencialmente orientados para o serviço. Assim, o ministério apostólico é entendido como *diakonia* e o maior deles, que é o da pregação do Evangelho, é apresentado por Lucas (At 6,4) como serviço da Palavra. Dentro da comunidade cristã, toda atividade que tem por objetivo o crescimento e a consolidação dela própria é apresentada como *diakonia* (Ef 6,4) a ponto que Pedro (1Pd 4,10-11) escreve: "Todos vós, conforme o dom que cada um recebeu, consagrai-vos ao serviço uns dos outros, como bons dispenseiros da multiforme graça de Deus. Se alguém fala, faça-o como se pronunciasse palavras de Deus. Alguém presta um serviço? Faça-o com a capacidade que Deus lhe concedeu a fim de que em tudo Deus seja glorificado". Etimologicamente, tanto a palavra *diakonia* como ministério indica serviço. É nessa perspectiva que Paulo fala dos Apóstolos ou de quem exerce uma função na comunidade, servindo-se da palavra grega *diakonói*, isto é, servidores de Deus (2Cor 6,4), de Cristo (2Cor 11,23) e da própria comunidade (Cl 1,25).

O Concílio Vaticano II relaciona as palavras *diakonia*, ministério e serviço. Falando dos bispos como sucessores dos Apóstolos, assim se expressa: "Esta missão portanto, que o Senhor confiou aos Pastores do seu povo, é um verdadeiro serviço, que nas Sagradas Escrituras significativamente se chama '*diakonia*' ou 'ministério'" (LG, n. 24).

O concílio normalmente usa as palavras *ministério* e *ministro* em relação aos ministros ordenados – bispos, padres e diáconos –, mas em algumas passagens as usa também para referir-se a atividades dos leigos[8]. Como afirma Jurío Goicoechea (2002), na visão eclesiológica do Concílio Vaticano II, a categoria do serviço, aplicada à Igreja inteira, adquire grande importância. Dando uma conotação cristológica, o concílio afirma que ela deve dar continuidade à missão de Cristo que despojou a si mesmo, fazendo-se pobre (Fl 2,7) para servir os mais necessitados. De forma análoga, "a Igreja cerca de amor todos os afligidos pela fraqueza humana, reconhece mesmo nos pobres e sofredores a imagem de seu Fundador pobre e sofredor" (LG, n. 8). Na Constituição Pastoral *Gaudium et Spes* (GS, n. 1), expressa que sua razão de ser está no serviço, participando das alegrias e esperanças, das tristezas e angústias dos homens de hoje.

A *diakonia* prestada pela Igreja, como expressão de seu amor pela humanidade, se expressa numa dupla direção: *ad intra* e *ad extra*. A primeira, refere-se aos serviços prestados no interior da própria comunidade: serviços da autoridade, da liturgia, das diversas pastorais, das coordenações de grupos e comunidades, da organização, da administração de seus bens. A *diakonia ad extra* refere-se ao serviço que a Igreja é chamada a prestar à sociedade e se concretiza em formas de presença, de solidariedade, de promoção da justiça, de serviço à reconciliação e à paz, de denúncia e anúncios proféticos e de participação em projetos de libertação. A *diakonia* cristã não pode ser reduzida ao âmbito interno da comunidade. A fraternidade experimentada na comunidade eclesial precisa tornar-se empenho na construção de um mundo em que todos tenham seu lugar, sejam respeitados em seus direitos e possam viver a dignidade que receberam de seu Criado.

---

8 Referindo-se à liturgia, diz que os ajudantes, leitores, comentaristas e cantores "desempenham um verdadeiro ministério litúrgico" (SC, n. 29). Uma referência análoga pode ser encontrada na Exortação Apostólica **Evangelii Nuntiandi**. Referindo-se aos leigos, Paulo VI diz que eles podem ser chamados a contribuir na edificação da comunidade eclesial "pelo exercício dos ministérios muito diversificados, segundo a graça e os carismas que o Senhor houver por bem depositar neles" (EN, n. 73).

Síntese

Como você terá percebido, este capítulo buscou mostrar que a pastoral da Igreja pode ser compreendida com base na tríplice expressão: pastoral profética, pastoral litúrgica e pastoral da comunhão e do serviço. A primeira engloba o anúncio e o aprofundamento da palavra de Deus, que compreende também a denúncia das situações injustas e opressoras que maculam a grandeza do homem, criado à Imagem e Semelhança de Deus. A pastoral litúrgica refere-se, sobretudo, às ações da Igreja que têm o objetivo de fazer com que os fiéis participem de forma sempre mais proveitosa das celebrações e acolham com coração aberto a ação de Deus que os santifica e os convida a serem santos, como o Pai é Santo. A pastoral da comunhão e do serviço compreende todas aquelas ações da Igreja que visam formar a comunidade eclesial e, ao mesmo tempo, comprometê-la na sua missão de ser sacramento universal de salvação, atuando positivamente no mundo em vista da transformação da sociedade e da edificação do Reino de Deus.

Indicação cultural

Artigo

CONRADO, S. O planejamento pastoral à luz do Documento de Aparecida. **Revista de Cultura Teológica**, São Paulo, v. 16, n. 64, p. 75-88, jul./set. 2008. Disponível em: <https://revistas.pucsp.br/index.php/culturateo/article/viewFile/15520/11596>. Acesso em: 28 fev. 2018.

O artigo apresenta o Planejamento Pastoral como um instrumento eficaz no processo de conversão pastoral proposto pela Conferência de Aparecida.

Atividades de autoavaliação

1. Em sua contribuição ao manual alemão de pastoral – *Handbuch der Pastoraltheologie* – publicado em 1964, Karl Rahner fala de três funções básicas da pastoral:

   a) A celebração dos sacramentos, a acolhida, a disciplina canônica e o ensinamento da Palavra.

   b) Proclamação da Palavra, vivência da caridade e celebração dos sacramentos.

   c) A proclamação da Palavra, o culto e a visita aos doentes.

   d) O culto, a caridade e a vida cristã considerada em todas as suas dimensões.

2. Segundo o conteúdo desenvolvido neste capítulo, o que gera a comunidade cristã e a une é (são):

   a) a acolhida por parte dos membros da comunidade.

   b) a celebração dos sacramentos.

   c) a palavra de Deus anunciada e testemunhada.

   d) os movimentos eclesiais.

3. Com base na reflexão desenvolvida neste capítulo, a Palavra por excelência que a Igreja é chamada a anunciar é:

   a) o Antigo Testamento.

   b) o Novo Testamento.

   c) a Sagrada Escritura como um todo.

   d) a pessoa de Jesus Cristo.

4. De acordo com o conteúdo desenvolvido neste capítulo, a catequese faz parte do:

   a) ministério do serviço e da comunhão.

   b) ministério sacerdotal.

   c) ministério profético.

   d) ministério da caridade.

5. Segundo a Constituição Pastoral *Gaudium et Spes* (GS, n. 1), a razão de ser da Igreja se expressa no(a):
   a) promoção das vocações.
   b) uso dos meios de comunicação social.
   c) serviço, participando das alegrias e esperanças, das tristezas e angústias dos homens de hoje.
   d) desenvolvimento de suas estruturas.

Atividades de aprendizagem

Questões para reflexão

1. Elabore um mapa conceitual, elencando as ações pastorais que fazem parte da pastoral profética, da pastoral litúrgica e da comunhão e do serviço.

2. Com base no conteúdo desenvolvido neste capítulo, redija um breve texto explicitando os elementos fundamentais da reflexão da conferência de Santo Domingo sobre a relação entre fé e vida.

Atividade aplicada: prática

1. Faça um ensaio de um plano pastoral para a comunidade à qual você pertence, referente à pastoral litúrgica.

Considerações finais

A reflexão desenvolvida sobre a relação entre a teologia e a pastoral, realizada no primeiro capítulo, nos mostra como, em determinados momentos da história, as duas estiveram muito próximas e por outro lado, como em outros momentos, a teologia, mais preocupada com a sistematicidade e sobretudo com a cientificidade, acabou por se distanciar da realidade concreta vivida e experimentada pelas comunidades cristãs na sua experiência de fé. Foi justamente essa distância que começou a despertar em alguns teólogos a necessidade de criar uma disciplina teológica que tivesse seu próprio método e objeto de pesquisa. A teologia pastoral nasceu com o objetivo de oferecer, inicialmente aos sacerdotes, uma preparação prática para o desenvolvimento de sua ação pastoral. Esse objetivo foi mudando significativamente ao longo da história, como consequência de novas compreensões eclesiológicas e pastorais.

Nossa reflexão mostra como a identidade da teologia pastoral foi objeto de amplo debate teológico e como a compreensão que se teve dela foi mudando com o passar do tempo. Podemos perceber com facilidade que sua compreensão está intimamente unida ao modo com que a Igreja entende a si mesma e sua missão. Dentro de uma concepção eclesiocêntrica, a preocupação primeira da reflexão pastoral se volta para a edificação da Igreja. Quando, por outro modo, coloca-se ao centro a missão, entendida sobretudo como edificação do Reino, a Igreja deixa de ser o centro para se colocar a serviço da humanidade, disposta a dialogar e a cooperar com todas as demais forças, que, de formas diversas, contribuem para que o grande projeto de Deus – vida em plenitude para todos – se realize.

Ao mesmo tempo que a teologia pastoral busca o rigor científico, precisa ter consciência de que, dentro do que ela mesma se propõe, nem tudo se resolve pela ciência. É por isso que, ao lado da cientificidade, a teologia pastoral precisa valorizar também a sabedoria e a arte. O grande patrimônio de arte sacra produzido no âmbito da Igreja católica mostra como a arte e a fé se entrelaçam e se completam, no esforço de ajudar o homem de todos os tempos a valorizar a dimensão da transcendência, inscrita em sua própria configuração genética.

Com a reflexão desenvolvida nesta obra, algumas conclusões se apresentam aos nossos olhos de forma evidente. O segundo capítulo mostrou que a compreensão de Deus como pastor do povo não é exclusividade da tradição judaico-cristã. Ao mesmo tempo, porém, é evidente a originalidade da compreensão bíblica, sobretudo no que se refere à proximidade de Deus para com o seu povo. O Deus cristão é, ao mesmo tempo, o Deus da transcendência e o Deus da proximidade, que arma sua tenda, para morar entre nós. É o Deus capaz de ouvir o gemido do seu povo; o Deus que rasga o véu do templo para tornar-se plenamente acessível a todos, na pessoa do seu Filho.

Outro elemento que salta aos olhos, a partir do segundo capítulo, é a riqueza de conteúdo ligada à figura do pastor e isso vale tanto para o Antigo quanto para o Novo Testamento. Este é o referencial por excelência com o qual a Igreja do presente e do futuro deverá sempre se confrontar e se inspirar para a sua ação pastoral. O Deus pastor do seu povo é o Deus que guia, provê, liberta e estabelece aliança de comunhão. Essas quatro expressões deixam clara a amplitude da ação pastoral da Igreja. A ação salvadora de Deus não se restringe à dimensão espiritual, mas se estende a todas as dimensões essenciais à vida plena dos seus filhos.

Ao apresentar-se como o Bom Pastor, Jesus revela sua consciência de que o pastoreio de Deus junto ao seu povo alcança nele a sua expressão maior. É nele que a ação salvadora de Deus alcança sua plenitude. Em consequência, é sobretudo nele – nas suas palavras e nas suas ações – que a Igreja precisa sempre se inspirar para realizar a missão que recebeu de Deus.

O terceiro capítulo nos mostra que, para cada visão eclesiológica, corresponde uma compreensão da ação pastoral da Igreja. Modelos eclesiológicos que supervalorizam o institucional tendem a favorecer uma postura pastoral que evidencie as normas, a doutrina e a autoridade. Por outro lado, modelos que evidenciam a dimensão comunional e mistérica da Igreja desenvolvem uma concepção de pastoral mais participativa, plural e missionária. O melhor da tradição teológico-católica, acolhida pelo Concílio Vaticano II, nos mostra que qualquer tentativa de opor carisma e instituição na compreensão da Igreja falseia sua identidade. A Igreja, como nos diz de forma clara o próprio concílio, é uma realidade complexa formada por uma estrutura institucional e hierárquica e outra carismática; as duas se entrelaçam profundamente, sem que haja qualquer razoável possibilidade de separação ou, pior ainda, contraposição entre elas.

O quarto capítulo mostra a rica contribuição do Magistério eclesial na compreensão da ação pastoral da Igreja e, consequentemente, no desenvolvimento da própria teologia pastoral. As grandes mudanças propostas pelo Concílio Ecumênico Vaticano II foram sendo acolhidas fiel e criativamente pelo episcopado latino-americano; com base nas grandes intuições do concílio, o episcopado buscou repensar a missão da Igreja e sua ação pastoral, tentando responder ao anseio de salvação próprio do povo desse continente. Com o método *ver, julgar* e *agir*, a Igreja latino-americana foi trilhando sua caminhada pastoral, de forma autônoma e encarnada. Hoje, em comunhão com toda a Igreja, sente a necessidade de uma renovação ampla, que atinja todas as dimensões de sua vida e ação evangelizadora, para que possa realizar a missão que lhe foi confiada por Jesus Cristo: ser sal da terra e luz do mundo.

O quinto capítulo busca mostrar o esforço da Igreja para que sua ação evangelizadora esteja solidamente ancorada na dinâmica da comunhão e participação. Jesus Cristo confiou à Igreja a missão que Ele mesmo recebera do Pai. Portanto, a missão é confiada à comunidade eclesial e a cada um de seus membros, na medida em que está em comunhão com ela. Para que a dinâmica da comunhão e da participação se torne uma realidade, é de fundamental importância que a comunidade, com a colaboração dos seus membros, realize seu plano de pastoral. Este plano permite que ela tenha metas e objetivos claros, que possam catalisar o empenho e a colaboração de todos os seus membros. Coordenada pelos seus pastores e guiada pelo plano pastoral, a comunidade realiza sua ação evangelizadora, tendo como finalidade última a edificação do Reino de Deus. Nesse processo, a avaliação periódica permite uma percepção da eficácia de sua ação pastoral e, ao mesmo tempo, uma contínua adaptação de métodos e objetivos, sempre que isso se faça necessário.

O sexto capítulo nos permite concluir que a missão da Igreja, em toda a sua amplitude, pode ser apresentada com base no tríplice múnus: profético, sacerdotal e real. O primeiro compreende o anúncio e o aprofundamento da palavra de Deus; o segundo se refere à dimensão celebrativa; o terceiro se refere à ação da Igreja, no cuidado de reunir e de cuidar do seu rebanho.

Lista de abreviaturas

AA	Decreto *Apostolicam Actuositatem*
AG	Decreto *Ad Gentes*
ca.	cerca de
CELAM	Conselho Episcopal Latino-Americano
CNBB	Conferência Nacional dos Bispos do Brasil
DAp	Documentos conclusivos da V Conferência Geral do Episcopado Latino-Americano e do Caribe: Aparecida
DCE	Carta encíclica *Deus caritas est*
DV	Constituição Dogmática *Dei Verbum*
EG	Exortação Apostólica *Evangelii Gaudium*
EN	Exortação Apostólica *Evangelii Nuntiandi*
GS	Constituição Pastoral *Gaudium et Spes*
LG	Constituição Dogmática *Lumen Gentium*
Med	Documentos conclusivos da II Conferência Geral do Episcopado Latino-Americano: Medellín

mons.	Monsenhor
n.	Número
Pb	Documentos conclusivos da III Conferência Geral do Episcopado Latino-Americano: Puebla
RM	Carta encíclica *Redemptoris Missio*
SC	Constituição *Sacrosanctum Concilium*
SD	Documentos conclusivos da IV Conferência do Episcopado Latino-Americano: Santo Domingo
vers.	Versículo

Referências

ALMEIDA, A. J. de. **Leigos em quê?** Uma abordagem histórica. São Paulo: Paulinas, 2006.

ALMEIDA, A. J. de. **Sois um em Cristo Jesus**. São Paulo: Paulinas, 2004.

AMADO, J. P. Mudança de época e conversão pastoral: uma leitura das conclusões de Aparecida. **Atualidade Teológica**, Rio de Janeiro, n. 30, ano 12, p. 301-316, set./dez. 2008. Disponível em: <https://www.maxwell.vrac.puc-rio.br/18418/18418.PDF>. Acesso em: 28 fev. 2018.

AREOPAGITA, P.-D. **Obras completas**. Madrid: Biblioteca de Autores Cristianos, 2007. (Clásicos de Espiritualidad).

ARMSTRONG, K. **Em defesa de Deus**. São Paulo: Companhia das Letras, 2011.

ARNOLD, F. X. et al. (Ed.). **Handbuch der Pastoraltheologie**: praktische Theologie der Kirche in ihrer Gegenwart. Herder: Freiburg; Basel; Wien, 1964. v. 1.

ARNOLD, F. X. et al. (Ed.). **Handbuch der Pastoraltheologie**: praktische Theologie der Kirche in ihrer Gegenwart. Herder: Freiburg; Basel; Wien, 1964-1972. 5 v.

BALSAN, L. Jesus: rosto misericordioso de Deus. In: MARMILICZ, A.; BALSAN, L. (Org.). **Ética e misericórdia**. Curitiba: Éfetagraf, 2016. p. 15-40.

BARBAGLIO, G.; FABRIS, R.; MAGGIONI, B. **I Vangelli**. Assis: Cittadella Editrice, 1978.

BASÍLIO MAGNO, Santo. **Basílio de Cesareia**. São Paulo: Paulus, 2014.

BENTO XVI, Papa. **Carta encíclica** *Deus caritas est*. São Paulo: Paulinas, 2005.

BENTO XVI, Papa. **Homilia do Papa Bento XVI**: Santa missa de inauguração da V Conferência Geral do Episcopado da América Latina e do Caribe. 13 maio, 2007. Disponível em: <https://w2.vatican.va/content/benedict-xvi/pt/homilies/2007/documents/hf_ben-xvi_hom_20070513_conference-brazil.html>. Acesso em: 26 fev. 2018.

BÍBLIA. Português. **Bíblia de Jerusalém**. São Paulo: Paulus, 2002.

BOROBIO, D. **Ministerios laicales**: Manual del cristiano comprometido. Madrid: Sociedad de Educación Atenas, 1984.

BOSCH, D. J. **Missão transformadora**: mudanças de paradigma na teologia da missão. São Leopoldo: Sinodal, 2009.

BOSETTI, E. A regra pastoral de 1Pd 5,1-5. In: BOSETTI, E.; PANIMOLLE, S. A. **Deus-Pastor na Bíblia**: solidariedade de Deus com seu povo. São Paulo: Paulinas, 1986a. p. 81-122.

BOSETTI, E. La terminologia del pastore in Egitto e nella Bibbia. **Bíblia e Oriente**, n. XXVI, 1984, p. 75-102.

BOSETTI, E. O Deus-pastor. In: BOSETTI, E.; PANIMOLLE, S. A. **Deus-pastor na Bíblia**: solidariedade de Deus com seu povo. São Paulo: Paulinas, 1986b. p. 7-60.

BOURGEOIS, D. **La pastoral de la Iglesia**. Valência: Edicep, 2000.

BRIGHENTI, A. Por uma evangelização realmente nova. **Perspectiva Teológica**, n. 125, ano 45, p. 83-106, jan./abr. 2013. Disponível em: <http://www.faje.edu.br/periodicos/index.php/perspectiva/article/view/2832>. Acesso em: 28 fev. 2018.

BRIGHENTI, A. Pastoral. In: PASSOS, J. D.; SANCHEZ, W. L. (Org.). **Dicionário do Vaticano II**. São Paulo: Paulinas/Paulus, 2015. p. 716-724.

BRIGHENTI, A. **A pastoral dá o que pensar**: a inteligência da prática transformadora da fé. São Paulo: Paulinas; Valencia: Siquem, 2006.

BUDILLON, J. La première épître aux Corinthiens et la controverse sur les ministères. Instina, n. 16, p. 471-488, 1971.

CANCIAN, D. O Evangelho da misericórdia. In: VIRGILI, R. et al. **Misericórdia**: face de Deus e da nova humanidade. São Paulo: Paulinas, 2006. p. 37-96. (Coleção Adultos em Cristo).

CASTILLO, J. M. **Jesus**: a humanização de Deus. Petrópolis: Vozes, 2015.

CAVACA, O. Uma eclesiologia chamada Francisco: estudo da eclesiologia do Papa Francisco a partir da *Evangelii Gaudium*. **Revista de Cultura Teológica**, n. 83, ano 22, p. 15-34, jan./jun. 2014. Disponível em: <https://revistas.pucsp.br/index. php/culturateo/article/view/19221>. Acesso em: 28 fev. 2018.

CELAM – Conselho Episcopal Latino-Americano. **Conclusões da III Conferência Geral do Episcopado Latino-Americano**. 13 fev. 1979. Disponível em: <https:// spirandiopadre.wordpress.com/documento-de-puebla-texto-integral>. Acesso em: 28 fev. 2018.

CELAM – Conselho Episcopal Latino-Americano. **Documento final da V Conferência Geral do Episcopado Latino-Americano e do Caribe**. Aparecida, 31 maio 2007. Disponível em: <http://www.dhnet.org.br/direitos/cjp/a_pdf/cnbb_2007_ documento_de_aparecida.pdf>. Acesso em: 28 fev. 2018.

CHARDIN, T. de. **O meio divino**. Petrópolis: Vozes, 2010.

CHARRON, A. Les caractéristiques théologiques d'une communauté chrétienne vivante em paroisse. **Communauté Chrétienne**, Paris, n. 17, p. 17-52, 1978.

CÍCERO. **De oratore**. London: William Heinemann; Cambridge: Harvard University Press, 1967.

CNBB – Conferência Nacional dos Bispos do Brasil. **Comunidade de comunidades**: uma nova paróquia – a conversão pastoral da paróquia. 5. ed. São Paulo: Paulinas, 2015.

CNBB – Conferência Nacional dos Bispos do Brasil. **Cristãos leigos e leigas na Igreja e na sociedade**: sal da terra e luz do mundo (Mt 5,13-14). São Paulo: Paulinas, 2016. (Documentos da CNBB, 105).

CONGAR, Y. **Ecco la Chiesa che amo**. Brescia: Queriniana, 1969.

CONGAR, Y. **L'Église de Saint Augustin à l'époque moderne**. Paris: Cerf, 1970.

CONGAR, Y. Laicat. In: **Dictionnaire de spiritualité**. Paris: Beauchesne, 1976. v. 9. p. 79-85.

CONGAR, Y. **Os leigos na Igreja**: escalões para uma teologia do laicato. São Paulo: Herder, 1966.

CONRADO, S. Colegialidade em tempos de mudança. **Revista de Cultura Teológica**, n. 83, ano 21, p. 171-193, jul./dez. 2013. Disponível em: <https://revistas.pucsp.br/index.php/culturateo/article/view/17389>. Acesso em: 28 fev. 2018.

CONRADO, S. O planejamento pastoral à luz do Documento de Aparecida. **Revista de Cultura Teológica**, São Paulo, v. 16, n. 64, p. 75-88, jul./set. 2008. Disponível em: <https://revistas.pucsp.br/index.php/culturateo/article/viewFile/15520/11596>. Acesso em: 26 fev. 2018.

DIANICH, S. Ministero. In: BARBAGLIO, G.; DIANICH, S. **Nuovo Dizionario di Teologia**. Cinisello Balsamo: Paoline, 1988. p. 889-914.

DOSTOIÉVSKI, F. M. **O idiota**. Tradução de José Geraldo Vieira. São Paulo: Martin Claret, 2007.

EUSÉBIO DE CESAREIA. **História eclesiástica**. 4. ed. São Paulo: Paulus, 2017.

FAIVRE, A. **The Emergence of the Laity in the Early Church**. Mahwah: Paulist, 1990.

FERNANDES, L. A.; GRENZER, M. **Dança ó terra!** Interpretando salmos. São Paulo: Paulinas, 2013.

FLORISTÁN, C. Acción pastoral. In: FLORISTÁN, C. (Dir.). **Nuevo diccionário de pastoral**. Madrid: San Pablo, 2002a. p. 21-27.

FLORISTÁN, C. **Teologia práctica**: teoria y práxis de la acción pastoral. Salamanca: Sigueme, 2002b.

FORTE, B. Laico. In: BARBAGLIO, G.; DIANICH, S. **Nuovo Dizionario di Teologia**. Cinisello Balsamo: Paoline, 1988. p. 690-708.

FOWLER, J. W. Practical Theology and the Shaping of Christian Lives. In: BROWNING S. (Ed.). **Practical Theology**: The Emerging Field in Theology, Church and World. San Francisco: Harper Collins, 1983, p. 150-155.

FRANCISCO, Papa. **Exortação apostólica** *Evangelii Gaudium*. São Paulo: Paulinas, 2013.

FUELLENBACH, J. **Igreja comunidade para o Reino**. São Paulo: Paulinas, 2006.

GREGÓRIO, Santo. **Regra pastoral**. Tradução de Sandra Pascoalato. São Paulo, Paulus, 2010.

GRENZER, M. Pastoreio e hospitalidade do Senhor: Exegese do Salmo 23. **Atualidade Teológica**, n. 41, ano 16, p. 301-321, maio/ago. 2012. Disponível em: <https://www. maxwell.vrac.puc-rio.br/21678/21678.PDF>. Acesso em: 28 fev. 2018.

HAIGHT, R. **A comunidade cristã na história**: eclesiologia histórica. São Paulo: Paulinas, 2012.

HARRISON, P. (Org.). **Ciência e religião**. São Paulo: Ideias & Letras, 2014.

HOSS, G. M.; PEREIRA, A. P. Teologia pastoral na vida da Igreja Católica. **Estudos Teológicos**, v. 56, n. 2, p. 249-263, jul./dez. 2016. Disponível em: <http:// periodicos.est.edu.br/index.php/estudos_teologicos/article/view/2809>. Acesso em: 28 fev. 2018.

HUMMES, C. Contribuições da Gaudium et Spes para a compreensão pastoral do homem de hoje. **Teocomunicação**, Porto Alegre, v. 35, n. 150, p. 625-637, dez. 2005. Disponível em: <http://revistaseletronicas.pucrs.br/ojs/index.php/teo/article/ viewFile/1711/1244>. Acesso em: 28 fev. 2018.

IRINEU DE LIÃO. **Contra as heresias**: denúncia e refutação da falsa gnose. 2. ed. São Paulo: Paulus, 1995. (Coleção Patrística, v. 4).

JEREMIAS, J. **As parábolas de Jesus**. 10. ed. São Paulo: Paulus, 1987.

JOÃO PAULO II, Papa. **Audiência geral**. 29 set. 2004. Disponível em: <https://w2. vatican.va/content/john-paul-ii/pt/audiences/2004/documents/hf_jp-ii_aud_ 20040929.html>. Acesso em: 26 fev. 2018.

JOÃO PAULO II, Papa. **Carta do Papa João Paulo II aos artistas**. 4 abr. 1999a. Disponível em: <https://w2.vatican.va/content/john-paul-ii/pt/letters/1999/ documents/hf_jp-ii_let_23041999_artists.html>. Acesso em: 26 fev. 2018.

JOÃO PAULO II, Papa. **Carta encíclica** *Redempotoris Missio*. São Paulo: Paulinas, 1991.

JOÃO PAULO II, Papa. **Exortação apostólica** *Ecclesia in Oceania*. São Paulo: Paulinas, 2001.

JOÃO PAULO II, Papa. **Exortação pastoral** *Ecclesia in America*. 22 jan. 1999b. Disponível em: <http://w2.vatican.va/content/john-paul-ii/pt/apost_exhortations/

documents/hf_jp-ii_exh_22011999_ecclesia-in-america.html>. Acesso em: 27 fev. 2018.

JURÍO GOICOECHEA, P. *Diakonia*. In: FLORISTAN, C. (Dir.). **Nuevo diccionário de pastoral**. Madrid: San Pablo, 2002. p. 326-333.

KASPER, W. **A misericórdia**: condição fundamental do Evangelho e chave da vida cristã. 2. ed. São Paulo: Loyola, 2015.

LIBANIO, J. B.; MURAD, A. **Introdução à teologia**: Perfil, enfoques, tarefas. São Paulo: Loyola, 1996.

MALDONADO, L. Acciones eclesiales. In: FLORISTÁN, C. (Dir.). **Nuevo diccionário de pastoral**. Madrid: San Pablo, 2002. p. 326-333.

METZ, J. B. **A fé em história e sociedade**. São Paulo: Paulinas, 1981.

NIMTZ, G. B. Pastor/ovelha/rebanho: uma relação de intimidade. **Revista de Cultura Teológica**, v. 12, n. 48, p. 53-87, jul./set. 2004. Disponível em: <https://revistas. pucsp.br/index.php/culturateo/article/view/25034/17867>. Acesso em: 27 fev. 2018.

NOPPEL, K. **Aedificatio corporis christi**: Aufriß der Pastoral mit einem Geleitwort von Conrad Gröber. Freiburg: Herder, 1937.

PAGOLA, J. A. **Jesus**: aproximação histórica. 5. ed. Petrópolis: Vozes, 2012.

PANIMOLLE, S. A. O Bom Pastor em João e Lucas. In: BOSETTI, E.; PANIMOLLE, S. A. **Deus-Pastor na Bíblia**: solidariedade de Deus com seu povo. São Paulo: Paulinas, 1986. p. 61-79.

PAULO VI, Papa. **Constituição Pastoral *Gaudium et Spes***: sobre a Igreja no mundo actual. 7 dez. 1965. Disponível em: <http://www.vatican.va/archive/hist_councils/ ii_vatican_council/documents/vat-ii_const_19651207_gaudium-et-spes_ po.html>. Acesso em: 28 fev. 2018.

PAULO VI, Papa. **Aos artistas**: mensagem do Papa Paulo VI na conclusão do Concílio Vaticano II. 8 dez. 1965. Disponível em: <https://w2.vatican.va/content/paul-vi/ pt/speeches/1965/documents/hf_p-vi_spe_19651208_epilogo-concilio-artisti. html>. Acesso em: 28fev. 2018.

PAULO VI, Papa. **Decreto *Ad gentes***: sobre a atividade missionária da Igreja. 7 dez. 1965. Disponível em: <http://www.vatican.va/archive/hist_councils/

ii_vatican_council/documents/vat-ii_decree_19651207_ad-gentes_po.html>.
Acesso em: 28 fev. 2018.

PAYÁ, M. O planejamento pastoral a serviço da evangelização. São Paulo: Ave Maria, 2005.

PEREIRA, J. C. Pastoral da acolhida. São Paulo: Paulinas, 2009.

PIO X, Papa. Encíclica papal *Vehementer nos*. 11 fev. 1906. Disponível em: <https://w2.vatican.va/content/pius-x/en/encyclicals/documents/hf_p-x_enc_11021906_vehementer-nos.html>. Acesso em: 28 fev. 2018.

PLATÃO. O banquete. Tradução de José Cavalcante de Souza. In: PLATÃO. Diálogos. São Paulo: Abril Cultural, 1972. (Coleção Os Pensadores).

RAHNER, K. O cristão do futuro. São Paulo: Novo Século, 2004.

RAHNER, K. Visioni e profezie. Milano: Vita e Pensiero, 1995.

RAMOS GUERREIRA, J. A. Teología pastoral. Madrid: BAC, 2011.

RUBIO, A. G. O encontro com Jesus Cristo vivo. São Paulo: Paulinas, 2014.

SANTORO, F. Estética teológica: a força do fascínio cristão. Petrópolis: Vozes, 2008.

SANTOS, B. B. dos. Introdução a uma leitura do documento a partir da opção preferencial pelos pobres. Disponível em: <http://www.padrefelix.com.br/doc20_13.htm>. Acesso em: 28 fev. 2018.

SANTOS, B. B. dos. Os pilares da ação evangelizadora e pastoral. Revista de Cultura Teológica, São Paulo, v. 10, n. 41, p. 9-20, out./dez. 2002. Disponível em: <https://revistas.pucsp.br/index.php/culturateo/article/view/24941/17800>. Acesso em: 28 fev. 2018.

SCHURR, V. Teología pastoral en el siglo XX. In: VORGRIMLER, H.; VANDER GUCHT, R. (Ed.). La teología en el siglo XX, Madrid: Católica, 1974. p. 326-372.

SISTI, A. Bellezza. In: BARBAGLIO, G.; DIANICH, S. Nuovo dizionario di teologia biblica. Cinisello Balsamo: Paoline, 1988. p. 161-168.

SOUZA, N. de. Ação Católica, militância leiga no Brasil: méritos e limites. Revista de Cultura Teológica, v. 14, n. 55, p. 39-59, abr./jun. 2006. Disponível em: <https://revistas.pucsp.br/index.php/culturateo/article/view/15033>. Acesso em: 28 fev. 2018.

SOUZA, N. de. Do Rio de Janeiro (1955) à Aparecida (2007): um olhar sobre as Conferências Gerais do Episcopado da América Latina e do Caribe. Revista de

Cultura Teológica, v. 16, n. 64, p. 127-145, jul./set. 2008. Disponível em: <https://revistas.pucsp.br/index.php/culturateo/article/viewFile/15533/11599>. Acesso em: 28 fev. 2018.

SUESS, P. Introdução à teologia da missão: convocar e enviar – servos e testemunhas do Reino. 2. ed. Petrópolis: Vozes, 2007.

TOMÁS DE AQUINO, Santo. Suma Teológica. 2. ed. São Paulo: Edições Loyola, 2001. 9 v.

VAGAGGINI, C. Unità e pluralità nella Chiesa secondo il Concilio Vaticano II. In: VAGAGGINI, C. (Org.). L'ecclesiologia dal Vaticano I al Vaticano II. Brescia: La Scuola, 1973.

VANHOYE, A., Carisma. In: BARBAGLIO, G.; DIANICH, S. Nuovo Dizionario di Teologia Biblica. Cinisello Balsamo: Paoline, 1988. p. 245-250.

ZERFASS, R. Der Selbstvollzug der Kirche im Wort, Sakrament und sozialem Dienst: Eine Einführung in die Grundfragemder Praktische Theologie. [s.n.]: Moguncia, 1982.

Bibliografia comentada

ALMEIDA, A. J. de. **Leigos em quê?** Uma abordagem histórica. São Paulo: Paulinas, 2006.

Com uma abordagem histórica, o autor apresenta um estudo sério e bem--fundamentado sobre o leigo na Igreja ao longo dos 2 mil anos de cristianismo. Nesse sentido, é, sem sombra de dúvidas, um dos melhores estudos brasileiros sobre o assunto. Com linguagem precisa, inclusiva e eminentemente teológica, o autor mostra que o leigo foi tratado na Igreja de formas muito diversas ao longo da história. É uma excelente leitura para quem deseja aprofundar a identidade do leigo na comunidade eclesial.

BRIGHENTI, A. A pastoral dá o que pensar: a inteligência da prática transformadora a fé. São Paulo: Paulinas; Valência: Siquem, 2006.

A obra se apresenta como um manual básico de teologia pastoral, destinado a agentes de pastoral e a estudantes do curso de graduação em Teologia. Seguindo as linhas mestras do Concílio Ecumênico Vaticano II e a reflexão do magistério latino-americano e caribenho, enfatiza que o sujeito da pastoral é a comunidade eclesial, formada por todos os membros do Corpo de Cristo, a quem foi confiada a missão de anunciar o Evangelho a todos os povos.

FRANCISCO, Papa. Exortação Apostólica Evangelli Gaudium. São Paulo: Paulinas, 2013.

A Exortação Apostólica pós-sinodal do Papa Francisco, publicada no dia 24 de novembro de 2013, por ocasião do encerramento do Ano da Fé, é o primeiro grande documento de seu pontificado. Nele constam as linhas mestras de seu Magistério, sua visão acerca da Igreja e sua missão no mundo contemporâneo: comunicar a alegria do Evangelho, a qual é capaz de encher o coração e a vida daqueles que se encontram com Jesus. Trata-se de uma leitura fundamental para quem deseja conhecer a proposta eclesiológica e missionária do Papa Francisco.

Capítulo 1

Atividades de autoavaliação

1. c
2. b
3. a
4. a
5. c

Atividades de aprendizagem

Questões para reflexão

1. O objetivo desta atividade é que você se dê conta de que existem alguns elementos que são comuns na compreensão de Deus como pastor nas tradições mesopotâmica, egípcia e judaico-cristã e, ao mesmo tempo, elementos que indicam a originalidade na compreensão judaico-cristã.

2. O intuito desta atividade é que você perceba que existe um sentido próprio na expressão de Jesus ao se apresentar como a porta do rebanho.

Atividade aplicada: prática

1. O propósito desta atividade é que você se dê conta da riqueza teológica que está embutida na metáfora do Bom Pastor e como esse conteúdo é referência para a ação pastoral da Igreja.

Capítulo 2
Atividades de autoavaliação

1. b
2. b
3. a
4. d
5. a

Atividades de aprendizagem

Questões para reflexão

1. Esta atividade tem o objetivo de mostrar que, para compreender adequadamente uma elaboração teológica, é necessário conhecer os pressupostos dos quais ela parte.
2. Esta atividade tem o objetivo de motivá-lo a desenvolver uma postura crítica diante das leituras que faz.

Atividade aplicada: prática

1. O intuito desta atividade é ajudá-lo a entender a relação e a diferença entre teologia pastoral e ação pastoral.

Capítulo 3

Atividades de autoavaliação

1. d
2. b
3. c
4. b
5. b

Atividades de aprendizagem

Questões para reflexão

1. O objetivo desta atividade é que você perceba que, para compreender a teologia de forma aprofundada, não basta entender o sentido de determinada afirmação ou conclusão. É preciso entender por que se pensava daquela forma e não de outra.

2. O propósito desta atividade é fazer com que você perceba que uma nova compreensão desenvolvida em uma área da teologia tem repercussões sobre as demais.

Atividade aplicada: prática

1. O intuito desta atividade é que você desenvolva familiaridade e capacidade de manusear a linguagem metafórica.

Capítulo 4

Atividades de autoavaliação

1. a
2. d
3. b
4. c
5. a

Atividades de aprendizagem

Questões para reflexão

1. O objetivo da elaboração de um mapa conceitual é o desenvolvimento de habilidades para identificar e evidenciar o que é mais importante em determinada unidade de estudo.
2. O intuito desta atividade é que você desenvolva habilidades para perceber que determinado conceito é trabalhado de forma diferente por autores e documentos distintos.

Atividade aplicada: prática

1. Esta atividade tem o propósito de levá-lo a compreender com clareza o conceito de renovação pastoral proposto pela Igreja, de modo a aplicá-lo à sua realidade pastoral concreta.

Capítulo 5

Atividades de autoavaliação

1. a
2. c
3. b
4. a
5. b

Atividades de aprendizagem

Questões para reflexão

1. O objetivo desta atividade é que você desenvolva uma postura crítica diante das leituras que faz, para, gradualmente, formar suas próprias ideias.
2. Esta atividade tem como intuito desenvolver habilidades para trabalhar com conceitos claros e bem-definidos.

Atividade aplicada: prática

1. O propósito desta atividade é que você desenvolva habilidades para elaborar sínteses, o que é muito útil para o estudo.

Capítulo 6
Atividades de autoavaliação
Questões para reflexão
1. b
2. c
3. d
4. c
5. c

Atividades de aprendizagem
1. O objetivo da elaboração do mapa conceitual é que você consiga identificar o que faz parte de cada uma das pastorais: profética, litúrgica e da comunhão e do serviço. Essa clareza é importante, sobretudo, para a elaboração do plano pastoral.
2. O intuito desta atividade é que você tome conhecimento da ênfase dada por essa conferência à relação entre fé e vida, de modo que essa clareza possa ser útil na sua ação pastoral.

Atividade aplicada: prática
1. O propósito desta atividade é que você desenvolva habilidades para aplicar na prática os conhecimentos adquiridos no âmbito teórico.

Sobre o autor

Luiz Balsan é doutor e mestre em Teologia Espiritual pela Pontifícia Universidade Gregoriana de Roma; mestre em Ciências da Educação pela Pontifícia Universidade Salesiana de Roma; especialista em Teologia Bíblica pela Faculdade Vicentina de Curitiba; graduado em Filosofia pela Faculdade Nossa Senhora Medianeira de São Paulo e em Teologia pela Pontifícia Universidade Gregoriana de Roma. Atualmente, é diretor pedagógico do Instituto de Educação, Cultura e Humanidades (Insech).

Impressão:
Fevereiro/2024